Chinese History for Teenagers
少年中国史

从神话到王权

传说时代 夏 商 西周

佟洵 赵云田·主编

北京理工大学出版社
BEIJING INSTITUTE OF TECHNOLOGY PRESS

版权专有　侵权必究

图书在版编目（CIP）数据

从神话到王权：传说时代：夏　商　西周 / 佟洵，赵云田主编 . —北京：北京理工大学出版社，2020.6（2021.2重印）

ISBN 978 – 7 – 5682 – 8293 – 2

Ⅰ.①从… Ⅱ.①佟…②赵… Ⅲ.①中国历史 – 三代时期 – 少年读物 Ⅳ.①K221.09

中国版本图书馆 CIP 数据核字（2020）第 049858 号

从神话到王权
传说时代　夏　商　西周

出版发行 /	北京理工大学出版社有限责任公司
社　　址 /	北京市海淀区中关村南大街5号
邮　　编 /	100081
电　　话 /	（010）68914775（总编室）
	（010）82562903（教材售后服务热线）
	（010）68948351（其他图书服务热线）
网　　址 /	http://www.bitpress.com.cn
经　　销 /	全国各地新华书店
印　　刷 /	河北盛世彩捷印刷有限公司
开　　本 /	710 毫米 × 1000 毫米　1/16
印　　张 /	13
字　　数 /	219 千字
版　　次 /	2020 年 6 月第 1 版　2021 年 2 月第 6 次印刷
定　　价 /	32.00 元

责任编辑 / 顾学云
文案编辑 / 朱　喜
责任校对 / 周瑞红
责任印制 / 边心超

图书出现印装质量问题，请拨打售后服务热线，本社负责调换

前言

中国社会科学院研究员　王行文

　　距今约180万年至5000多年前是中国的远古时代。其间，距今约180万年至1万年前，人类制作和使用的工具是打制石器，称旧石器时代。旧石器时代的人类以采集果实和渔猎为生，不会建造房屋，多在山洞中栖身，过着群居生活，已经学会用火，发明了弓箭。遗址有元谋人、蓝田人、北京人、山顶洞人。距今约1万年至5000多年前，人类制作和使用了磨制石器，称为新石器时代。在新石器时代，人类选择邻近水源的地点聚族而居，建造房屋，发明了陶器，出现了原始农业，开始了定居生活。遗址有河姆渡文化、仰韶文化、大汶口文化、龙山文化。在旧石器时代晚期，中国进入母系氏族公社时期。在新石器时代晚期，中国进入父系氏族公社时期。中国远古时代的传说人物有盘古氏、有巢氏、伏羲氏、神农氏、炎帝、黄帝、颛顼、帝喾、尧、舜、禹等。神话传说则有盘古开天辟地、女娲补天、后羿射日、嫦娥奔月。

　　公元前2070年，大禹死后，其子启继承王位，建立了夏朝。夏朝是中国历史上第一个由松散的部落联盟组成的王朝，统治的中心地区在今河南西部和山西南部。夏朝颁布了《禹刑》，设立了监狱，已经出现奴隶。耕作农具有耒、耜、石铲、石犁、刀、镰等，还有石磨、石杵等粮食加工用具，更有一些青铜农具。这说明夏朝已经开始从石器时代进入青铜器时代，掌握了冶金与铸造技术。当时饲养猪、狗、鸡、马、牛、羊等家畜和家禽。此外，夏朝出现了中国历史上最早的"夏历"，这反映了当时科学文化发展的水平。夏朝经过太康失国、后羿代夏、少康中兴等阶段，到后期日益衰落。最后一个国王桀是有名的暴君，他大量驱使百姓建造宫室，又大肆兴兵对外征伐，使得诸侯纷纷叛离。公元前1600年，成汤发动了灭夏的战争，夏桀败死，夏朝灭亡。夏朝共经历13世、16王，历时471年。

　　公元前1600年，商朝建立，是中国历史上第二个朝代。商的始祖契曾帮助禹治水有功而受封于商（今河南商丘），汤灭夏后，就以"商"作为国号。其后裔盘庚迁殷（今河南安阳西北），又称国号为"殷"或"殷商"。自盘庚迁都到殷起，商朝的政治、经济、文化有了空前的发展。由游牧而改为定居，青铜冶炼和铸造技术已达到相当高的水平，有了带鼓风装置的熔炉，浑铸法与分铸法并用。"司母戊大方鼎"是中国迄今为止发现的最大的青铜器。在占卜龟甲上发现的甲骨文，是最早的已比较成熟的中国象形文字。商朝处于奴隶制发展繁荣时期，奴隶主贵族是统治阶级，有庞大的统治机构和军队，对奴隶可以随意处置，甚至让他们给奴隶主殉葬。商朝末代君主纣王奢侈残暴，修豪华宫苑，施炮烙酷刑，失去民心。公元前1046年，周武王联合其他小国，讨伐纣王，在牧野与商朝的军队展开大战，最终消灭商朝。商朝共历17世31王，前后555年。

公元前1046年，牧野之战，武王克商，建立周朝，定都镐京，史称西周。西周实行分封制，将土地和依附在土地上的人民分封给新旧诸侯，分公、侯、伯、子、男五等爵位。还实行井田制，每个男性主要劳动力授田百亩。由于耕作技术的进步，西周时期的农作物品种和产量都有了增加。青铜农具使用更为广泛。手工业部门多，分工更细，青铜器铸造是手工业生产的重要部门。青铜器上铸刻的文字，被称为金文，又称钟鼎文。西周商业发达，有专门从事贸易活动的商人。舟船和马车是重要的交通工具。西周礼制非常繁缛，教育制度比较完备。西周时期，境内各民族与部落不断融合，华夏族逐步形成，成为汉族的前身。公元前841年，国人暴动，驱逐暴君厉王，周公、召公联合执政，被称为共和行政，这是中国历史上有确切纪年的开始。西周最后一个国王是昏君幽王，他为博得爱妃褒姒一笑，不惜"烽火戏诸侯"。公元前771年，犬戎举兵攻破镐京，幽王兵败，死于骊山脚下，西周灭亡。西周历经11代12王，存世275年。

目录

少年中国史

传说时代

- 盘古开天 / 10
- 女娲补天 / 12
- 燧人氏钻木取火 / 14
- 始祖伏羲 / 16
- 神农氏遍尝百草 / 18
- 先祖黄帝 / 20
- "战神"蚩尤 / 26
- 帝尧的传说 / 28
- 羿射九日 / 34
- 帝舜的传说 / 36
- 大禹治水 / 40

夏朝

- 启开夏朝 / 46
- 太康失国 / 48
- 寒浞篡位 / 50
- 少康中兴 / 52
- 荒唐的孔甲 / 56
- 夏桀亡国 / 58
- **二里头遗址 / 62**

商朝

- 天命玄鸟,降而生商 / 66
- 上甲微讨伐有易 / 68
- 成汤即位伐葛伯 / 70
- 鸣条之战 / 74
- "五朝元老"伊尹 / 80
- 盘庚迁都 / 86
- 武丁中兴 / 90
- 一代名相傅说 / 96
- 杰出统帅妇好 / 98
- 跋扈的武乙 / 102
- 糊涂帝乙错选太子 / 106
- 悲惨的"三仁" / 108
- 纣王亡国 / 112
- **神秘的甲骨文 / 116**
- **稀世之珍三星堆 / 118**
- 残酷的奴隶制度 / 122
- 殷商的社会经济 / 124

西周

后稷得姓"姬"/128

部落大迁移/130

泰伯奔吴/136

季历遭忌被杀/138

漫长的七年之囚/140

姜太公钓鱼/146

西伯昌称王/148

牧野决战/152

周武王分封诸侯/156

箕子献《洪范》/160

周公摄政/164

官制之典《周礼》/170

姜太公治齐/172

伯禽定鲁/178

熊绎封楚/180

成康之治/182

周昭王伐楚/184

法典《吕刑》/186

国人暴动/188

共和行政/192

宣王中兴/194

犬戎灭周/196

● 灿烂的青铜文化/202

● 中外大事年表对比/206

传说时代

约前300万年—约前21世纪

高举文明的火把
探寻历史的起源与沧桑
传说在伏羲神农的膜拜中流转
三皇五帝，始祖治荒
教化中孕育成形的是一个多民族国家的未来

> 传说时代

天地浑沌如鸡子,盘古生其中。万八千岁,天地开辟,阳清为天,阴浊为地。盘古在其中,一日九变,神于天,圣于地……

——《三五历纪》

盘古开天

巨人创世,衍生万物,开天辟地,恩泽无穷。这是中国人对于天地万物来源最初的思考。盘古氏,因奉献自我而成为最伟大的天神。

性质
创世神话

主角
盘古

民族
华夏族

沉睡时间
一万八千年

主要事迹
开天辟地、造化万物

相关记载
《三五历纪》《广博物志》

相传,在数百万年以前,地球上的天地还没有形成,连在一起,混沌黑暗,像一枚鸡蛋。这枚"鸡蛋"经过漫长的岁月,在中间核心中孕育了人类的祖先盘古。他静静地躺在这枚"鸡蛋"中,不吃不喝,一睡就是一万八千年。

有一天,盘古醒了。他睁眼一看,四周一片漆黑,什么都看不到。

"我要出去。"盘古说。他拔下了一颗牙齿,牙齿刚一脱落,便不停地膨胀,变成了一把锋利的巨斧。盘古双手握斧,向着这一片黑暗用力挥去。顷刻间,这枚"鸡蛋"轰然破裂,清者上升为天,浊者降化为地,天地初成。盘古头顶天、脚踏地望着这渐渐清明的世界。这是他劈出的天地,他

原始人用的石斧

现藏于湖北省博物馆。石斧是远古时代原始人用于砍伐木材、削劈兽骨等多种用途的石质工具,使用时将它绑在木棍一端。因为技术原因,早期的石斧形制粗糙,不规整,后来慢慢出现了磨制并且带有打孔的石斧。斧体较厚重,一般呈梯形或近似长方形,多斜刃或斜弧刃。在石器时代,石斧也被用于部落之间的战争。

四下环视,说:"我要这天更高,地更大。"

从此之后,盘古便傲立在这天地间。他的身体每天会生长一丈,天便高一丈,地便厚一丈。他轻轻一嘘,便可化为风雨;使劲一吹,便能生成雷电。他双目炯炯有神,睁眼便能照亮天地,闭眼夜晚就会降临。

如此这般,又经过了一万八千年,天地间已经完全分隔成两部分,相距九万里。盘古的身体已高得无法想象。天地已成形,但盘古想做更多的事情。他望着这个自己一手创造的天地,发现它是那么空洞,毫无一物。

盘古想让这个世界变得更加多彩,充满生机。于是他含笑而倒,倒下的刹那间呼出的一缕气息化成了天上的风和云,最后的声音变作了天上的雷霆;他的左眼跳出眼眶,直冲九天化为太阳,他的右眼飞上天空成为月亮;他的四肢和头颅化成了五岳,他的血液化成了江河湖泊;他的筋脉变成了通行的道路,他的肌肉变成了供万物生长的肥田沃土;他的头发变成了满天的星辰,他的皮肤变成了草木;他的牙齿变成了金属和岩石,他的骨髓变成了珍珠美玉;他身上的汗水化为雨露……

由此,天地之间有了色彩,万物滋生,人类开始繁衍。

盘古化生图
清画家罗聘所绘,画中盘古手持日月,在他周围是三皇五帝和名山大川。盘古把一切都献给了这个世界和人类。他是开天辟地的英雄。

盘古开天与上帝创世

盘古开天	上帝创世
天地混沌黑暗如鸡蛋	天地混沌黑暗如深渊
盘古活在其间,开天辟地,一日九变,花了数万年才把客观环境变成一个适存的空间,更接近于近代地质年代的考证	上帝花了六天时间创造了天地之间所需要的一切物质,人是在最后一天造出来的,拥有神的气息和灵命
天地分开之后,盘古化尽肉身衍化万物,恩泽给后世一个赖以生存的世界	创造出万物之后,上帝在第七日休息了,这一日被定为圣日
盘古是人类始祖的神化形象,因奉献而牺牲的传说人物	上帝是宇宙的统管者、真理的启示者、选民的拯救者和罪恶的审判者,永生存在的一个宗教精神支柱

传说时代

往古之时，四极废，九州裂，天不兼覆，地不周载……于是女娲炼五色石以补苍天，断鳌足以立四极，杀黑龙以济冀州，积芦灰以止淫水。苍天补，四极正，淫水涸，冀州平，狡虫死，颛民生。

——《淮南子·览冥训》

女娲补天

这是一个标准"神仙打架，凡人遭殃"的故事，后果是凡间天裂地陷，大火蔓延，洪水滔天，猛兽出没，万物不生。大地之母女娲应时而出，造人、补天，对抗天灾人祸，平世于危难，救民于濒危。

性质
救世神话

主角
女娲

民族
华夏族

主要事迹
黄泥造人、炼石补天

母系映射
原始部落之间的战争频繁而残酷；女性生殖崇拜

仰韶文化·双耳尖底陶瓶
新石器时代仰韶文化最典型的陶器之一。空时倾斜，装水不多不少时直立，过量就翻倒。这种利用重心来调节平衡的器物体现了先民对物体力学及平衡原理的初步认识。后来也有专家认为它是一种盛放酒水用以祭祀天地的礼器。此瓶现藏于英国大英博物馆。

盘古开天辟地之后，天地间出现了一位神通广大的女神，她叫女娲。

女娲在天地间游玩，观日月星辰，赏绿树红花，戏鸟兽虫鱼，生活惬意。可这些事情，天天做也会厌烦。她对花语，花不答。她对兽言，兽不解。女娲突然间觉得好寂寞，这天地间似乎少了点什么。

她来到一水池边，顾影嗟叹。看着水中倒映的自己，她突然笑了，水中的她也笑了。她做鬼脸，水中的她也做着鬼脸。

"为什么不造一个与自己一样的东西呢？"女娲抄起身边一团黄泥，和了池水，揉揉捏捏，成了一个人像。她把人像放在地上，刹那间，人像活了，张口便叫道："妈妈。"第一个人便由此诞生了。

女娲开心地笑了，终于有人跟她说话了。她又捏了一个人，再捏了一个人……看着身边人不断多起来，她高兴不已。

她打算让这天地间遍布人类，给这世

女娲补天浮雕
位于山西运城南风广场壁画长廊。

界带来无限生机。所以，她没日没夜地辛勤工作，累了便歇会儿，醒了便继续干，可依然达不到她的进度要求。思前想后，女娲从岩壁上折下一根藤蔓，探入泥池中，然后猛地扬起一抖，无数的泥点瞬间向着天地间撒落。泥点刚一触地，一个个小人便活蹦乱跳起来。就这样，大地上很快就布满了人类。

可人是会死亡的，不像自己与天地同寿。如果他们死了，自己岂不是又要再造一批？聪明的女娲又把人类分成了男女，让男人和女人结合，自行繁殖后代，绵延不绝。

女娲完成了造人计划后，本以为可以安心休息一段时间。可一个突如其来的灾难差点毁了这一切。水神共工和火神祝融之间爆发了一场极为惨烈的战争，最后共工不敌，逃跑的时候撞倒了西方撑天的不周山，于是，天倾西北，地陷东南，人间大火蔓延，洪水泛滥。

野兽猛禽趁机出没，伤人无数。眼看着新生的人类就要绝种，万分痛心的女娲决意炼石补天。

她遍历群山，最后在天台山开始炼石。炼了九九八十一天，终于炼出一块厚十二丈、宽二十四丈的五色巨石。可靠这一块五色石远远不够。她夜以继日，花了整整四年的时间，炼出同样的五色石三万余块。

女娲携带着一块块五色石飞身上天，逐个修补天际破裂之处，因为石是五色的，它们变成了天上的彩虹和彩霞。天空终于修补完毕，大火熄灭，洪水退去，大地恢复了往昔的平静。可女娲担心天再次塌下来，有一只海中的巨龟向她献出了自己的四条腿，女娲用这四条腿当作擎天柱撑起了天空。作为回报，她把自己的衣裳送给了巨龟，从此，海龟的附肢就变成了鳍状，更加适应水里生活。

补天之后，天地安泰，风调雨顺，人类安居乐业。

> 传说时代

民食果蓏蚌蛤，腥臊恶臭而伤害腹胃，民多疾病。有圣人作，钻燧取火以化腥臊，而民说之，使王天下，号之曰燧人氏。

——《韩非子·五蠹》

燧人氏钻木取火

这是一个关于"火"的传说。一次雷电交加之后，人类尝到了熟食的美味，感受到了火的温暖。但火苗将熄，漫漫黑夜谁来守护？一位智者登场了，他遍寻各地，历尽艰辛，终于给大家带来了希望。

主角
燧人氏

尊称
燧皇

民族
华夏族

姓氏
风姓

主要事迹
钻木取火

重要族系
华胥氏、赫胥氏、仇夷氏、雷泽氏

约在数万年前的旧石器时代，原始人类没有火，也不知道如何利用火。他们只能茹毛饮血，吃生肉和生的植物根茎。到了晚上，没有火取暖，他们常在寒风中瑟瑟发抖，还得提防野兽的袭击。

没有火的日子，人类文明的发展十分缓慢。直到有一天，天空中的滚滚惊雷击中了一棵大树，树枝咔嚓一声，顷刻断裂，火苗顺势而起，熊熊燃烧。人们吓得纷纷躲闪，望着蔓延的火苗，只感到一阵阵灼热，无法靠近。山林中凶猛的野兽惨叫声不断，纷纷逃窜。人们惊讶万分，原来这些凶悍野兽也敌不过这橘红色晃动的东西。

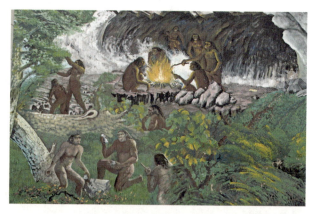

北京猿人生活场景壁画
位于北京周口店北京人遗址内。

传说时代

当大火渐渐熄灭，人们上前检视片片灰烬，发现了一些烧死的野兽。有人饥饿难耐，忍不住撕下烤熟的兽肉啃食起来。这味道真是太好了！有人小心翼翼地拾起燃烧着的树枝，打算把这宝贵的火苗保存下来，随时取用，用来取暖，也用来烧肉。而且当火堆燃起的时候，野兽也不敢靠近，可以睡个安稳觉了。火，真的是太神奇了。可这样美好的日子并没有持续多久。

一天，或许是风太大，吹熄了火苗；或许是哪个不懂事的小孩尿尿不小心浇灭了火苗；或许是守护火苗的人睡着了，火焰燃尽……总之，火苗消失了。

族群中有一位智者，当别人绕火而行时，他常常趋火而行，还爱研究被火烧过的各种物品。他看着大家重新回到没有火的日子，心里十分难过。为了时时能用上火，这位智者决心去寻找火种。他相信有一个地方，一定有许多的火苗，取之不尽，用之不竭。

智者翻过高山，跨过河流，追寻着闪电，迈上了漫漫征途。可在很长一段时间内一无所获。难道这火种只能是来自上天的施舍？就在他打算放弃寻找踏上归途时，他和族人偶然在一棵叫"燧木"的树下歇息。

这时，几只大鸟飞来，落在树上。智者无心地望着它们啄食树上的虫子。突然，他发现当这些大鸟的喙啄上树木时，有微弱的火花溅起。智者的脑中灵光一闪，他知道自己该往哪个方向努力了。

他和族人采了很多燧木条，开始试验钻木取火，经过无数次的尝试，树皮终于冒出了青烟。智者把取得火种的方法带回了部落，从此人们过上了真正有火的日子。由于钻木取火中大多使用的是燧木，于是人们便把发明人工取火的智者尊称"燧"，称为"燧人氏"。

燧人氏钻木取火，开启了华夏文明。这个美丽的传说表达了古代人民观察自然、利用自然、改造自然的无穷创造力。

燧人氏像
燧人氏是中华民族可以考证的第一位祖先，其重要的族系有弇兹氏、婼氏、华氏、胥氏、华胥氏、赫胥氏、仇夷氏、雷泽氏、盘瓠氏等。他们主要的活动中心有三处，一是合黎龙首山（古昆仑山），二是湟中拉脊山，三是六盘山。

灰烬
1958年出土于北京房山周口店，现藏于中国国家博物馆。它的发现说明在旧石器时代早期，当时的北京人已经熟练掌握了火的使用技术。

传说时代

太皞庖牺氏，风姓。代燧人氏，继天而王。母曰华胥。履大人迹于雷泽，而生庖牺于成纪。蛇身人首。有圣德。

——《三家注史记·三皇本纪》

始祖伏羲

一出生便带着"神"光环的人，注定此生不凡。造字记事、发明乐器、创立八卦、制造渔网、造龙建制、制定历法……这个被传为人首蛇身的人文始祖，成为中华民族的传说之源。

主角
伏羲

角色
上古时代首领、人文始祖

民族
华夏族

生日
农历三月十八日

形象
人首蛇身

主要事迹
创龙图腾、造字、教渔猎、创八卦

妻子
女娲

鹿角铲
旧石器时代远古人的挖掘工具，由鹿角截断磨制而成。骨器是人类以兽骨或动物头角研磨而制的器具，是原始狩猎业发达的象征，也反映出当时的人磨制骨器的技术已经很娴熟。

传说上古的时候，华胥国里有一个叫华胥氏的姑娘。有一天，她去一个叫雷泽（古代大泽名，位于今山东菏泽）的地方游玩踏青。在经过一片树林的时候，她发现地上有一个巨大的脚印。这位姑娘一时好奇，就跨进了这个巨大的脚印中。

没想到，华胥氏回到家以后，居然怀孕了。更让邻居们惊奇万分的是，华胥氏这一怀就怀了整整十二年。十二年后的三月十八日，华胥氏生了一个人头蛇身的孩子，取名为伏羲。

成年后的伏羲统一了华夏各个部落，定都陈地（今河南淮阳）。传说他取鳄鱼头、猛虎眼、雄鹿角、蟒蛇身、巨蜥腿、苍鹰爪、白鲨尾、红鲤鳞、长须鲸的须合成了龙的形象，以此作为华夏民族的图腾。他还发明了文字（也有仓颉造字的传说），取代结绳记事。有了文字，人类的思想和技术从此得到广泛的传播和保留。

伏羲还模仿蜘蛛捕虫，发明了用网捕鱼，提高了人类的捕鱼效率。此外，他还教化民众，让他们驯养野兽，推广了最早的养殖业。

除此之外，伏羲还发明了许多乐器，创作了许多乐曲和歌谣，在音乐的陶冶下，人们的精神和娱乐生活得到了丰富。相传，伏羲还规定了新的婚姻制，禁止兄妹通婚，同族男女也不能婚配，制定了严格的婚娶之礼。

远古的时候，人们对大自然的许多事物和现象都无法解释。天气为什么会一冷一热？日月为什么会交替升起？人为什么会生老病死？为什么灾难会时不时降临？当伏羲也解答不了时，他便开始思索。他认真观察身边的事物。他看天上的云彩，沐浴雨雪，探究雷鸣闪电。观察各种飞禽走兽，留心花开花落，渐渐悟出天地间的阴阳变化之理，从而创造了八卦。他用八种极其简单却寓意深刻的符号来概括万事万物，推算出它们会有的变化，来占卜预知未来。

在观察大自然的过程中，伏羲还制定了历法，让人们按节气种植谷物。

伏羲、女娲图

纵220厘米，上横106厘米，下横81厘米。立轴，绢本设色。出土于新疆吐鲁番阿斯塔那古墓，现藏于新疆维吾尔自治区博物馆。伏羲和女娲是中国古代神话传说中的人类始祖，此图伏羲左手持矩，女娲右手持规，寓意天地方圆。两人下半身蛇形相绕，红、黑彩勾边点线，内涂白彩。两人头绘日形，下画月形，周围以墨线缀以星辰，构图奇特，空间辽阔，突显了人类始祖的崇高之意。

伏羲、女娲与亚当、夏娃

伏羲、女娲	亚当、夏娃
以兄妹关系结成夫妻	以肋骨造妻配为婚姻
是否成婚依大意而定	由上帝指定
均为中华民族的人文始祖，能创造，能发明	因受蛇诱惑吃了智慧之果而被上帝赶出天堂，到人间受苦赎罪，遂成为人类始祖
天赋异禀，用自己的智慧帮助人类及社会进步	身怀原罪，借助对上帝的恭顺和忠诚获得赏赐，并世代传承
其传说表现形式多样，出现的地域遍及中国，是中国当时母系氏族社会向父系氏族社会过渡中传播最广的故事之源	其传说相对固定单一，体现的是万能的上帝主宰一切，人类替神管理世界，信主死后可以永生，宗教色彩浓厚

> 传说时代

神农氏以赭鞭鞭草木，始尝百草。

——《三皇本纪》

神农氏遍尝百草

天地万物，相生相克。世间百草，郁葱摇曳，或治病救命，或性妻致命，或疗饥续命。无知无识，谁为之辨？天降神农，不畏险阻，以一己之身遍尝百草，良方初成，百姓安康。

主角
神农氏

角色
神农部落首领

民族
华夏族

主要事迹
发现谷类、遍尝百草

传世名著
《神农本草经》

最传奇一日
遇七十二毒，得茶而解

意义
结束了一个饥荒时代，完成了中国汉族农业社会结构

汉代画像砖上的神农氏
展示神农氏时代人们手持农具耒耜的场景。耒是古代的一种翻土农具，形如木叉，上有曲柄，下面是犁头，用以松土，可看作犁的前身。相传为神农氏发明。

远古的时候，人们的生活状况很糟糕。那时候没有粮食，人们靠打猎、捕鱼、摘食树上的果类充饥。可人一多，猎物就有限，果实不足，人们常常吃了上顿没下顿。赶上大冬天，万兽藏踪，万物凋零，人们就只能饿着。

这时候，出现了一个人，他叫神农氏，是三皇之一。传说他长着牛头人身，非常勤劳，古时人们认为"有非人之状，而有大圣之德"，遂被大伙推出来当了首领。

一个偶然的机会，神农氏看见面前落下一只小鸟，这鸟儿嘴中含着一粒种子。有人惊扰后，小鸟飞走，嘴中的种子也落入了土壤之中。不久以后，小鸟曾经停留的地方长出一棵幼苗。神农氏感到十分惊奇，他留意观察，只见那幼苗越长越大，最后结出的果实正是大家经常去采摘的某种瓜果。

神农氏灵机一动：如果找到很多的种子，一粒粒撒在土中，不就会长出许许多多的果实吗？于是，他组织大家收集种子，播种在土中。果不其然，不久之后，田野中全是绿油油的果实。人们大喜过望，渐

渐有了充足的食物。

神农氏没有就此止步,他仔细研究各类种子,最终从数千种植物中筛选出黍、菽、麦、稷、稻,称为"五谷",成为华夏先民们的基本食粮。为了方便耕作,据说神农氏还发明了斧、锄、耒、耜等农业工具。

人吃五谷杂粮,兼食野果兽肉,免不了会生病。看着族人受病痛的折磨,神农氏一筹莫展。有一次,一个小孩肚痛难耐,痛得昏死过去。族人找来神农氏,他也毫无办法。

第二天,等神农氏再来看望这个小孩时,发现小孩的病好了。神农氏感到非常奇怪,询问之下,才得知原来小孩晚上醒来,饿得难受,就扯了一把身旁的青草,嚼着吞了下去,肚子也不痛了。青草还有如此神奇的功效,受此启发,神农氏开始遍尝百草,把植物的花、草、根、叶一一尝遍,再一一记录功效。在有人生病时,他配合各类花草,用来给病人治疗疾病。经过反复的筛选、验证,他逐渐总结出一些治病的方子。最传奇的一次,他一天之内中毒70余次,万幸的是最终平安无事。

据说,神农氏尝遍了39.8万种草药,并依此写下了一本《神农本草经》。此书是中国最早的草药学经典,也是中国中医药学的开山之作。后世人们为了感谢他做出的伟大贡献,尊称他为"药王神"。

神农尝药图
明郭诩绘。传说中神农氏人身牛首,龙颜大唇,三岁知稼穑,长成后身高八尺七寸。最后因尝断肠草,毒不能解而死。此画笔触清简,非常传神地绘出了人物的高古形象。

▶ **传说时代**

黄帝者，少典之子，姓公孙，名曰轩辕。生而神灵，弱而能言，幼而徇齐，长而敦敏，成而聪明。

——《史记·五帝本纪》

先祖黄帝

建房屋、制衣裳、造车船、设阵法、创音乐、开井田、立宫室……桥山巍峨，沮水流长，在这位华夏子孙的先祖身上，系着的是千百年来一个民族的精神支柱。

主角
黄帝（轩辕氏）

角色
天下共主

民族
华夏族

诞辰
农历三月初三

部落图腾
龙

主要功绩
开创了华夏民族

得力臣属
仓颉、大鸿、风后、力牧、常先

后世典故
龙去鼎湖

早年经历

黄帝，为五帝之首，也是远古时代华夏民族的首领。传说，他是有熊氏部落首领少典与有蟜氏部族女子附宝的儿子，本姓公孙，后改姬姓，因居于轩辕之丘，故号轩辕氏。因他有土德（五德之一）之瑞，所以被称为黄帝。

传说，黄帝一出生就充满灵性，还是婴儿时便能说话。到了15岁，便无所不知，无所不通。20岁时成为部落首领。在黄帝的带领之下，他的部落日益强大。他不但继承了神农氏以来的农业生产经验，将原始农业发展到高度繁荣阶段，还实行了田亩制，即将土地划成"井"字，由各家分种，以防争端。传说，他发明了水井，让百姓穿土凿井，灌溉农田。在其他方面，黄帝也多有建树。比如，数学上首定度量衡，军事上始制阵法，音乐上定五音十二律，衣饰上有妻子嫘祖

黄帝像

养蚕制衣，等等。

人们最早是居住在洞穴中的，很容易受到野兽的侵袭，后来有个叫有巢氏的人教大家用树枝在树上建屋，虽然避免了地面上的猛兽，但住在树上终究也不太方便。传说黄帝时就发明了房屋，让人们用竹、木，甚至石头建起相对封闭牢固的空间，防止野兽进入。

半坡3号房子复原示意图

半坡时的房屋大多为半地穴式，只有极少数是平地起建的，平面呈方形或圆形。建造材料有用木材、树枝、粟秸、草筋、藤条、绳索、泥土及料姜石，内挖火塘，体现了原始建筑艺术的进步。

华夏民族形成

华夏民族的先祖，除了黄帝外，还有炎帝烈山氏，也有说炎帝就是神农氏的。炎帝有一项大贡献，就是发明了商业。自人类进入农耕社会后，衣食逐渐富足，土地肥沃的地方还出现了剩余。怎样将剩余的物品相互交换，沟通有无呢？传说炎帝想出了集市交易的方法。他让人们设立市场，将各自剩余的物品通过与其他人交换而得到交易，日中前往，日斜散市。人们觉得非常方便，也不耽误耕作时间。

当炎帝老迈时，其部落日渐失

相传黄帝时期的名臣

姓名	功绩
风后	为相，发明的指南车及"风后八阵兵法图"帮助黄帝统一了中原
力牧	大将，善牧羊和射箭，首造车
常先	发明很多狩猎工具，最突出的贡献是制鼓和设计冠冕
大鸿	上古医家，佐黄帝发明五行，详论脉经，还在始祖山（中岳嵩山余脉）中帮黄帝训练军队，著有《鬼容区兵法》三篇
仓颉	左史官，观察星宿的运动趋势、鸟兽的足迹而创造文字，被尊为"造字圣人"
伶伦	乐官，发明律吕并据以制乐，被称为中国音乐的始祖
岐伯	上古医学家，尝味百草，与黄帝合著《黄帝内经》

嫘祖养蚕

嫘祖是黄帝的妻子，也是华夏先祖中一位杰出的女性。黄帝大力发展生产时，嫘祖则负责为人们做衣冠。她经常带领女人们上山剥树皮，织麻网，或剥下男人们猎获的动物毛皮，做成衣服、帽子和鞋子。后来，一个偶然的机会，几个妇女采回几个"白色小果"，嫘祖发现那并不是植物的果实，而是一种小虫吐丝结的茧。这种虫子，就是蚕。嫘祖发现用这种丝来纺线织布，做成的衣服又轻又滑，于是，她大力倡导栽桑养蚕，以蚕丝织布做衣服，人类从此有了养蚕的历史。

新石器时代的陶纺轮（一组）

纺轮最早为石片，后为陶制，用时以抟杆插入中间的圆孔用力转动，纱就不断地缠绕在抟杆上，最终完成纺纱过程。相传黄帝的元妃嫘祖首创了种桑养蚕之法，并教会人们抽丝织衣，结束了人类以兽皮和植物为衣的历史，被后人尊称为"先蚕娘娘"。

势，各部落之间战乱不止。黄帝看到这种情况，打算统一各部落，让人们过上安定的生活。他先后打败了不同部落，与炎帝部落和蚩尤的东夷部落形成了三足鼎立的局面。

很快，黄帝与炎帝之间爆发了阪泉（此地点存在争议，未定）之战。由于这两个部落在当时都有较强的实力，也各自联合了其他部落作为盟军，因此战争的规模就颇为壮观。据文献记载，大规模的战役有三次，厮杀激烈，血流成河。首先，炎帝用火围攻黄帝一方，黄帝就用水来应对，并将炎帝赶回阪泉之谷，困在了自创的阵法里。最终，黄帝战败炎帝，将两个部落融合，建立了炎黄部落。此后，两个部落就和平地生活在一起，共同繁衍、发展，最终形成了后来的华夏民族，就是现在大家常说的"炎黄子孙"。

此后，黄帝又擒杀蚩尤，平定九黎，统一中华。并在泰山之巅会合天下

裴李岗文化·石磨盘、石磨棒

裴李岗文化遗存，位于黄河南岸的河南中部地区。裴李岗一类遗存中发现的石器几乎都经过了打磨，以农业工具为主，渔猎工具很少，说明在当时社会已经进入锄耕的农业阶段，处于以原始农业、手工业为主，以家庭饲养和渔猎业为辅的母系氏族社会。

大汶口文化·白陶空足鬹

鬹为侈口，鸟喙形流，扁圆腹，腹中部接缝处饰绳纹一周，颈腹间饰带状把。腹下接三个圆锥形空足。此鬹以夹砂白陶制成，表面施白陶衣，色泽洁白微闪青。白陶出现很早，在大汶口文化中大量流行，后来龙山文化和夏商文化中的白陶是对大汶口文化的继承和发展。此鬹是中国新石器时期陶制炊事用具，主要用来烧水和煮饭。现藏于英国维多利亚和阿尔伯特博物馆。

大溪文化·石人

四川重庆巫山大溪遗址出土,属中国长江中游地区的新石器时代文化。此人石质,屈膝坐于一圆垫之上,双手手肘放于膝盖之上,表情平静,目视前方。石人头插双羽,造型写实,比例匀称,表面磨制光滑,展现了大溪先民的高超技艺。此石人可能与古代的巫术活动有关。

诸部落，以隆重的封禅仪式告祭天地。

黄帝平定天下后，把各个地区一一划分，形成不同级别的行政区域，设立了120个官位来管理这些不同的区域。他制定了严格律法，以约束各级关系，维持国家和社会的稳定。

鼎湖飞升

传说黄帝在晚年时发明了"鼎"。当第一只鼎被铸造出来的时候，一只银须金龙从天而降，来到黄帝面前。黄帝和大臣们都很吃惊，金龙温和地看着黄帝，开口说道："天帝有感于你对人类做出的贡献，让我带你去觐见。"

黄帝毫不犹豫地点了点头，乘上龙背，大臣们争先恐后地爬上去七十余人，要追随黄帝而去。剩下没上去龙背的臣子们，就抱着龙的银须想一起飞升，但龙须断裂后又落回地面，一同掉下来的还有黄帝的大弓。后世的人们为了纪念这位伟大的帝王，就把黄帝升天的地方称作"鼎湖"（今河南灵宝阳平），"龙去鼎湖"也由此用来形容帝王去世。因留在地面上的人们抱着黄帝的大弓而哭，"乌号"也被用来表示对死者的哀悼。

黄帝陵
位于陕西黄陵县，是黄帝衣冠冢，古称"桥陵"，为祭祀黄帝的场所。据记载，最早举行祭祀黄帝始于公元前442年的秦灵公，后世每朝每代都沿袭了这种祭祀传统。现在每年一度的清明节祭祀黄帝大典已经成为"中华第一大典"，是海内外中华儿女传承中华文明，凝聚国家情的重要活动。

传说时代

蚩尤兄弟八十一人,并兽身人语,铜头铁额,食沙石子,造立兵杖刀戟大弩,威振天下。

——《龙鱼河图》

"战神"蚩尤

蚩尤,一个纵使战死沙场,身后仍震慑四方的九夷英雄。这个在传说中曾被妖魔化的人物,兴农耕、冶铜铁、制五兵、创百艺、明天道、理教化,在中华早期文明史上熠熠闪光。

主角
蚩尤

角色
九夷部落首领、苗族祖先

民族
九黎族、东夷

成名之战
涿鹿大战

善用技能
巫术

尊称
兵主、战神

图腾
牛、鸟

主要功绩
发明冶炼技术、开创刑法、发展农耕

传说数千年前,蚩尤诞生在黄河下游地区的一个东夷部落。伴着他清脆的啼哭声,部落附近的山潭中三条沉睡的恶龙都感受到了难以名状的威慑,一一被惊醒。刹那间,龙吟漫天,风雨大作,天地变色。惊见此景,族人们纷纷走出屋来,追问发生何事。得知蚩尤出生才有此异象,每个人都啧啧称奇,认为这个孩子日后必成大器。

没有让众人失望,蚩尤成年后成为部落首领,带领族人使部落日益走向强盛。传说中,蚩尤牛头人身,本领高强,铜头铁额,背上还生有一对翅膀。他一共有81个兄弟(可能是81个部落),个个都有八条胳膊、八只脚。因其战斗力十分强悍,作战时善于使用刀、斧、戈等兵器,且不死不休,勇猛无比,被称为"战神"。

当炎帝部落和黄帝部落联盟成为黄河流域最为强大的炎黄部落后,蚩尤领导的九黎部落就成为黄帝统一黄河流域路上最大的阻碍。战争不可避免地爆发了。

贾湖骨笛

贾湖骨笛的发现是中国音乐考古的重大成果,它有力地证明了早在8000年前我们祖先的音乐水平已经是七声俱备,被誉为"中华第一笛"。骨笛是用鹤类动物的尺骨锯去两端关节钻孔而成,从骨管上所留的等分符号可见,在钻孔前经过了认真的计算。

蚩尤与黄帝两军战争的场面极具神话色彩。史传蚩尤善战，且长于制造各种兵器，再加上水神康回和风伯、雨师兴起风雨助战，战神刑天和星神夸父拔刀相助，双方接连打了七十二战，蚩尤次次得胜而归，黄帝竟不能破。

后来，黄帝请来了旱神女魃和应龙（带翼的神龙）前来助战。双方在涿鹿（今河北涿鹿）展开了关键一战，蚩尤虽然有风伯、雨师相助，但这一次旱神女魃驱散了风雨，黄帝带兵追击而来。蚩尤展开巫术，只见天地间弥漫起了浓浓大雾，让黄帝的军队迷失了方向。

但黄帝非等闲人物，他利用天上的北斗星，早就制造出了一辆指南车，引导着士兵们冲出了迷雾。双方短兵相接，厮杀震天，战况激烈异常，蚩尤的81个兄弟一一倒下。

最后，蚩尤难以敌众，被应龙所杀。他溅出的血液封住了苍天，让女魃和应龙都无法回归。虽然战死，蚩尤也发出了最后的一击，让敌人胆寒。黄帝担心蚩尤死后，鬼魂作乱，把他的头和身子割裂开，分别葬在不同的地方。传说中，蚩尤倒下的山野处，长出了一片鲜红的枫林。

黄帝让人把蚩尤的画像高悬，用来威慑天下。天下人均以为蚩尤未死，臣服于黄帝，欲作乱者见此画像，便知难而退，四方遂定。

蚩尤兵败后，其族人四散，大部分融入炎黄部落，成为部分华夏族的祖先。其他的，一部分成为苗族的祖先，另一部分西迁，与古羌族有关。

蚩尤雕像
位于山东阳谷蚩尤陵景区内。全部由纯铜制作，重约4.5吨，高10.8米，其中底座2米多，像高8米多。此像中的蚩尤头饰牛角，手持大圭（中国古代在祭祀、宴飨、丧葬以及征伐等活动中使用的器具，只有部落首领才能持圭），腰挂火镰石（击石取火之用），高大威猛，棱角分明。

少年中国史

▶ 传说时代

帝尧者,放勋。其仁如天,其知如神。就之如日,望之如云。富而不骄,贵而不舒。

——《史记·五帝本纪》

帝尧的传说

终其一生,兢兢业业,勤俭奉公,关心民生,深受爱戴。在那个重功绩而淡血缘的年代里,"禅让"王位是一种理所应当的美德。

主角
帝尧

角色
天下共主

民族
华夏族

主要功绩
治理水患,制定历法;
设"欲谏之鼓",立"诽谤之木";开创禅让制等

兄弟
弃(后稷,周族先祖,谷神)
契(商族先祖)
挚(因政绩不佳,禅让于尧)

女婿
舜

尧帝像
尧姓伊祁,名放勋,帝喾次子。中国上古时期部落联盟首领、"五帝"之一。因封于陶、唐等地而号称"陶唐之氏",通称"唐尧"。

神秘出世

尧,五帝之一,古唐国人。父亲帝喾(kù)是黄帝的曾孙,姬姓,他是上古时期的部落联盟首领,天下共主,关于他的传说,不胜枚举。

尧的母亲庆都(陈锋氏)是他父亲帝喾的第三个妻子。传说庆都出生时有黄云覆其上,成年后出门常有龙随在身旁。在两人成婚以后,庆都仍然留在娘家。传说有一日,庆都随家人坐船出行,突然狂风大作。小船上升起一股龙卷风,风中盘踞着一条赤龙。巨龙张牙舞爪,吓得家人惊惧不安。庆都却非常冷静,还冲着赤龙微笑。不一会儿,龙卷风消失了,赤龙也不见了。

第二天,赤龙再次出现,在一阵阴风四起中,庆都睡着了。醒来后不久,庆都怀孕了,14个月后在丹陵(今河北保定顺平县伊祁山)生下一

大汶口文化·骨雕筒

1959年山东泰安大汶口新石器时代墓地出土,现收藏于山东省博物馆。由兽骨精工制作而成,整体平面呈梯形,中空,刮磨光滑,造型质朴。这种雕筒为新石器时期大汶口文化所独有,在其他文化和地区均不见,为特殊人物随葬的装饰品。据后人推测,很有可能是巫师执事时的宗教礼器。

个儿子。现在伊祁山尧母洞就是尧出生地。

尧从母姓,姓祁(伊祁),成年后身材高大,长发飘飘,面色如蜡,彩色的八字眉毛,眼睛中有三个瞳孔,当时人们都说尧为真龙所化。

治理水患,采纳百言

尧好学而能干,13岁时就受命辅佐兄长帝挚。帝挚才干平庸,未能妥善管理国家。尧21岁时,自觉不如尧圣明的帝挚将帝位禅让于尧,让其成为天下共主。他上任之初,就遭遇了水患。当时,洪水泛滥,弄得民不聊生,治理水患成为当务之急。

尧征集各方意见,问谁可以担此重任。有人推荐鲧。但尧认为鲧不合适,可又找不到其他合适的人。再加上众人的坚持,尧便任命鲧去治理水患。可鲧治水9年也没有成功,后来就改命舜负责,终于让水患得到了缓解。

为躲避水患的困扰,尧带着大部分部族由河北唐县、望都一带西徙太原,最终落脚于今日的临汾盆地平阳。因此,历史上旧称"唐"的地方不少,皆因尧带领族人迁徙,曾定居那里而得名。

尧在做部落首领时,生活非常简朴,住茅草屋、喝野菜汤、穿粗布衣,从不铺张浪费。遇到部落里的大事,他也不独断专行,而是善于倾听和采纳别人的意见。他在处理政务的房间门前设

龙山文化·蛋壳黑陶高柄杯

泥质黑陶,喇叭形口、深腹、圆底、细长柄,柄中部凸起一段作鼓腹状,表面花形镂孔。现藏于美国印第安纳波利斯艺术博物馆。黑陶最早发现于龙山文化,其断代与传说中的尧、舜、禹时期大致一致,以细泥薄壁黑陶的制作水平最高,胎壁厚仅0.5毫米~1毫米,表面乌黑发亮,有"蛋壳黑陶"之称。造型别致秀美,制作精巧,代表了中国古代陶艺文化的精华。有考古专家认为蛋壳陶属于礼器,有可能是特殊身份之人在祭祀等礼仪上使用的酒器。

一张"欲谏之鼓",谁要是对政务有什么意见或建议,都可以随时击打这面大鼓。他听到声音后就会出来接见,虚心听取来人的意见。

为了方便百姓给他提意见,他还特意让人在各个交通要道口竖立一根"诽谤之木",并派人看守,谁若是对他有什么不满,就可向看守人陈述,或由看守人领到他面前去。

在尧执政之初,部落联盟还较为松散。执政一段时间后,尧按照各种政务任命官员,建立起一套更为系统的政治制度,为后来国家的产生奠定了基础。

尧帝谏鼓谤木和任贤图治
出自16世纪《帝鉴图说》,《帝鉴图说》是明代内阁首辅、大学士张居正为当时年仅10岁的明神宗编撰的教科书。左图展示了尧帝管治天下时,曾于庭中设置谏鼓,让普通人都能对国事发表意见;还在路旁树立谤木,鼓励百姓批评自己的过失。
史载尧帝治理天下万民,政治清明,百姓乐业。当时在政的功臣有9人(或说11人),但他还常常深入山野僻壤中去寻查细访,求贤问道,察访政治得失,选用贤才。右图展现出的就是这个故事。

制定历法,酿造美酒

为了使农业生产有所依循,尧命令羲氏、和氏两人根据日月星辰的运行来制定历法,从而生成了二十四节气。尧还把一年定为366天,每三年设置一个闰月,用闰月来调整历法和四季的关系,保证每年的农时不出差错。

马家窑文化·彩陶人面像

红陶质,通体以黑色装饰几何纹。花边形大底座,短颈,人面,头顶塑三个小孔。人面纹和人形纹最多见于马家窑文化彩陶,但此造型奇特、形象逼真的人面像,并不多见。

有了食物，当然少不了美酒。相传，造酒术也是尧发明的。不过，起初他造酒的目的可不是给人喝的，而是给神喝的。传说尧是真龙所化，对灵气尤其敏感。他感受到了滴水潭（一处深潭）的灵气，从而把族人带到此地安居。因为灵气的作用，这里的粮食长得特别好。为了感谢上苍的恩赐，祈福更加美好的明天，尧精选出上等粮食，用滴水潭之水浸泡，除去杂质后，淬取出了祈福之水。这水清澈幽香，使人沉醉，就是如今的酒。尧就用它来祭祀上天。

访纳贤才，禅让帝位

据史料记载，尧治理天下时，特别注重任贤用能。他手下的功臣名将有很多，但他仍唯恐埋没人才，所以经常到穷乡僻壤暗查细访，求贤问道。他曾到汾水北岸，寻访四位有道名士——方回、善卷、披衣、许由。尧认为自己的德行不如善卷，见到他就像后辈对待长辈、学生对待老师那样毕恭毕敬，还让对方坐主位，自己坐到下方施礼求教。

许由，是当时的名士之一，崇尚自然无为，不求名利富贵。尧多次拜访他，他都避而不见。一次，双方在沛泽相见，尧说："日出火把还不熄，不是多余吗？雨后还去浇园，不是徒劳吗？我作为天子，仍占着这个位置，感到很惭愧，请允许我将天下嘱托于先生！"但许由坚辞不受，他说："你已经把天下治理好了，何须我去代替你做一个现成的天子呢？"

尧的长子丹朱自幼不务正业，不服管教，也缺乏威望。尧觉得，权力传给舜，天下人会受益，却不利于丹朱；如果将权力传给丹朱，就会使丹朱得益，而不利于天下人。他认为不能让儿子丹朱接替帝位，故四处寻访贤才，也是为了给天下找一位接替他的明主。最后，尧看重了舜的才德，经过多次、漫长的考察后，他将部落联盟首领的位置禅让给舜，从而开创了远古时代的"禅让制"。

让位28年后，尧去世，葬于谷林（今山东菏泽境内）。

◆ 丹朱叛乱 ◆

丹朱为尧的长子，他个性刚烈，做事坚决有主见，但欠缺温良和顺与政治智慧，不为尧认同。尧禅让帝位于舜后，因舜的谦让，丹朱曾做了三年部落联盟首领，但大臣们全去朝觐舜。舜即位后把丹朱封到丹水（又称丹江，在今河南西南方）一带。在那里，有一支不服华夏族统治的三苗部落。丹朱到那里之后，三苗部落便联合丹朱，组成了一个叛乱集团，发起了对舜的挑战。舜得知消息后，组织大军开往丹水，与叛军大战于丹水河边。后来，三苗人战败，被流放到甘肃敦煌一带。而丹朱在起兵失败后，投水自杀。

> 传说时代

尧时十日并出，草木焦枯，尧令羿仰射十日，中其九日，日中九乌皆死，堕其羽翼。

——《楚辞章句》

羿射九日

一张弓，九支箭，箭起日落，留在天空的最后一个太阳永远地铭记了神箭手羿的威名。这个传说完美诠释了英雄的意义和人定胜天。

性质
神话传说

主角
羿

特长
射箭（神射手）

武器
神弓箭

成名之事
射日、杀怪

妻子
嫦娥

内蒙古乌兰察布狩猎岩画
狩猎岩画是中国北方岩画中一种非常流行的题材，反映出在远古时期，中国北方经历了一个漫长的以狩猎经济为主的时期。

帝尧统治时期，东海边有一棵神树，名叫扶桑。有十只鸟在这棵树上栖息，这种鸟叫三足乌。它们都是东方神帝俊的儿子。

这十只三足乌每天都会轮流上天去，放射出万丈光芒，就是人们眼中看到的太阳。它们给人类带去温暖和光明，人类为了感谢它们，对它们顶礼膜拜。

可后来，这十只三足乌觉得腻烦了，要轮九天才能轮到自己出去玩。其中一只三足乌建议道："为什么要一次去一个呢？为什么我们不能一齐出去玩？"

大家都表示赞同。于是，这十个太阳便一起出现在天空中。

从此以后，世间酷热无比，没有了白天黑夜，火辣的阳光日日灼烧着大地。粮食作物都被晒干晒死，河流干涸，没有了饮水，到处是热死或渴死的人群。而森林因为干燥，也常燃起熊熊大火。野兽四处出没伤害人类。天地间种种惨状，不一而足。

羿是当时的一位神箭手，帝俊将他召去，赐他一把神弓和箭矢，让他去教训一下这些不听话的儿子。可是没想到这十个太阳压根没把羿的警告放在眼里，它们变得更加放肆。见劝说无效，羿拉开了他的神弓，搭上箭矢。"嗖""嗖""嗖"，一个个太阳应声而落，天气变得凉爽起来，人们拍手称快，最后剩下的那一个太阳从此老老实实地东升西落，坚守职责。

羿射下九个太阳后，又巡游四方，除去了很多趁人间有难而跑下界来残害生灵的妖怪。

他第一个杀死的是猰貐（yà yǔ）。猰貐本是天神，因掉进昆仑山下的弱水里而变成形状像牛、遍体赤红、人脸马足、叫声如同婴儿啼哭的怪兽，他趁十日并出下界吃人。羿射死猰貐后，就前往畴华之野去杀凿齿。凿齿嘴里长着凿子一样的长牙，手中持有盾和矛，经常掠食人类，羿没等它近身就一箭取了它的性命。

第三个死的怪兽是北方凶水里长着九个脑袋、会喷火的九婴。接下来是东方青丘之泽中名叫"大风"的怪鸟，羿在箭尾绑了一条青色的丝线，射中后扯着丝线把它拉下杀死。后人把这种方法叫作"弋"。

随后，羿又杀了南方洞庭湖中的巴蛇和藏在桑林中的封豨。虽然羿为人间做了这么多有益的事，但因射死了九日的事未能取得天帝的原谅，无法返回天庭，从此就一直留在了人间。

崧泽文化·灰陶酒器

嫦娥奔月

羿射日之后，因为为民造福，受到了大家的爱戴。后来娶了一位美丽的妻子，她叫嫦娥。夫妻俩郎才女貌，让众人羡慕不已。

在一次机缘之下，羿去昆仑山求道，正好遇上了王母娘娘，王母赐给他一颗成仙的不死药。羿将仙药带回家中，交给妻子嫦娥保管。有一次，当羿带着人外出打猎时，嫦娥在家闲得无聊，拿出仙药闻来闻去。她想尝尝这药的味道，就用舌头舔了一下。谁知，舌头刚一沾上药丸，药丸顷刻间便化为甘泉飞进她嘴里。嫦娥惊呆了，她还来不及反应，身子就飘了起来，飘出屋外一直向着天空飞去，越飞越高。

嫦娥看着自己家的房子愈变愈小，甚至看到归来的丈夫那渺小的身影。她大声叫着羿的名字，却怎么也回不到地面。后来，嫦娥飞到了月宫里，从此孤独地守着一棵月桂树，思念着羿。

> 传说时代

昔者舜耕于历山,陶于河濒,渔于雷泽,灰于常阳。尧得之服泽之阳,立为天子,使接天下之政,而治天下之民。

——《墨子·尚贤下》

帝舜的传说

因仁孝于家而闻名于天子之耳,因德行于治而取信于臣民之心。作为一位"禅让制"的接力者,舜尽心尽力地完成了自己的使命,并把它完美地传了下去。

主角
舜

角色
天下共主

民族
华夏族

主要事迹
巡天下、定刑罚、明确分工、考核官吏

重要臣属
禹、皋陶、契、弃、伯夷、夔、龙、垂、益

二里头文化·玉刀
玉刀作为礼仪用器,盛行于夏代的二里头文化,它既是权力的象征,同时也象征着收割。礼器是在祭祀、宴享、外交、军旅等礼仪活动中使用,并被赋予了特殊意义的器物,所谓藏礼于器。作为礼器的玉刀形状大致有两种,一种是扁平的长方形,一侧为刀背,一侧为刀刃;另一种则做成了带柄的形状。

舜,上古时代的部落首领。他姓姚,传说两眼都是两个瞳仁,所以名叫重华,字都君,谥曰"舜"。因国名为"虞",故又称虞舜。他被后世尊奉为帝,位列"五帝"。

舜以孝闻名,《二十四孝》中的第一孝,讲的就是他的故事。他的父亲、继母以及继母生的弟弟经常虐待他、迫害他。但舜没有记恨、仇视他们,而仍以孝礼侍奉父母,以谦恭友爱对待弟弟。世人皆称颂他的美德,使其以仁孝名扬四方。

当时舜在历山(一说今鄄城历山,一说今济南千佛山)耕田,当地人在他的带动下都变得很谦让,田界之争很少看到。他还在雷泽打鱼,在黄河之滨制作陶器,人们都很喜欢他,凡是他劳动过的地方,两三年之间竟能自发形成一个小村落。

尧得知舜的美名后,将他定为下一位部落联盟首领的人选,并将自己的两个女儿下嫁给他,以考察他的品行。

只有最亲近的人才能了解到一个人最真实的面目，可见尧对舜寄予了厚望。舜没有让尧失望，不但让两个妻子与全家和睦相处，而且在各方面都表现出了过人的才干。不管是管理百官、负责迎宾礼仪还是职掌五典，舜都完成得让尧非常满意。经过方方面面的考察后，尧终于决定把首领的位置让给舜。

舜做了部落联盟首领后，选贤任能，放逐"四凶"（以混沌、穷奇、梼杌、饕餮为图腾的四个部落首领）。他四处巡游，考察民情，考量各部落首领的政绩，以政绩论赏罚。舜的这些作为，加强了中央和各地的联系，巩固了对地方的管理统治。

舜改良了刑法，发明了五种新的刑罚，用以惩戒犯事者。为了表示宽大，他用流放代替了肉刑。对屡次重犯、不肯悔改的罪犯，则新设了鞭刑、赎刑和扑刑。对坏人的有力惩处，获得了百姓的肯定。

在行政上，舜细化了官员们的各项工作，让大家分工明确。比如，他让禹任司空，治理水患；命弃任后稷，管理农业生产；让契任司徒，推行思想教化的工作；命皋陶任"士"，执掌刑法，维护社会稳定；令垂任"共工"，管理各种工匠技师；命益任"虞"，管理山林等自然资源……各司其职后，提高了部落联盟内部的管理水平。

此外，舜还规定对这些官员每三年考察一次，合格的提升，不合格的罢免。为了能深入了解民间疾苦，舜经常

《帝王道统万年图册》之舜帝孝德升闻
明代仇英绘，现藏于中国台北"故宫博物院"。此画描绘了舜在家时对屡次加害于他的父亲和弟弟以德报怨的故事。舜的父亲是个盲人，其母死后又续妻生子，叫象。父亲顽不知理，后母心恶不贤，弟弟凶狠无状，这三人不喜欢舜，多次设计想杀了他，然而舜每次都能化险为夷，事后照常尽孝。舜最终以自己的贤德感化了家人，一家人得以和睦幸福。乡民们都争相传诵舜的孝顺，尧帝听到后就把自己的两个女儿嫁给了他。

游历四方，为百姓排忧解难，最后死在去南方巡查的苍梧之野，葬在九嶷山（今湖南永州境内）的南面。

舜年老时，认为自己的儿子商均不肖，他也像尧一样，把帝位禅让给了更有才能的禹。

屈家岭文化·彩陶纺轮

1956年出土于湖北京山县屈家岭,现藏于湖北省博物馆。圆形,泥质红陶,双面绘橙黄色或红色陶衣,中心透空,绘制出旋涡纹、弧线纹、直线纹等图案。此纺轮的出土,反映出当时屈家岭文化发达的纺织业。

> 传说时代

禹伤先人父鲧功之不成受诛,乃劳身焦思,居外十三年,过家门不敢入。

——《史记·夏本纪》

大禹治水

一家两代治水人,结果却迥然不同:父亲黯然收场,儿子荣耀千古。也许付出的辛苦并没有什么不同,但在那个生产力低下,生存为第一要务的时代,结果就注定了一切。

主角
大禹

角色
天下共主

民族
华夏族

主要事迹
治洪水、定九州

治水方法
因地制宜,按势疏导

著名会议
涂山之会

后世典故
下车泣罪

治水有功

禹是夏朝的开国君王,后世尊称为夏禹。他最大的功绩便是治理水患。

尧和舜在位时期,各地洪水泛滥,民不聊生。庄稼被淹,房屋冲毁,人们无处可住,食不果腹。治理水患成了当务之急。禹的父亲鲧治水失败后,禹接替了治水任务。他从父亲鲧身上汲取了教训,改"堵"为疏,对洪水进行疏导。

禹接到任务去治水时,才与妻子涂山氏新婚不久。可为了尽早治理水患,让百姓安居乐业,禹不得不与妻子洒泪而别。禹带领着部下,蹚深河,过

夏禹下车泣罪
出自《帝王道统万年图册》,册页,绢本设色,明仇英所绘,现藏于中国台北"故宫博物院"。画中描绘了大禹有次乘车外出巡视,路遇罪犯的故事。大禹一边规劝这群罪人,一边感慨自己德行不够而流下眼泪。后世以"下车泣罪"来比喻为政宽仁。

鲧取息壤与普罗米修斯偷火种

鲧取息壤	普罗米修斯偷火种
出自《山海经》	出自古希腊神话
鲧为中央天帝黄帝的孙子，禹的父亲，神系	普罗米修斯为泰坦巨神的后代，神系
下界洪水肆虐，民不聊生，引发了鲧的恻隐之心	宙斯要求人类敬奉他，必须拿出最好的东西献给他，普罗米修斯是人类的创造者和保护者，为人类辩护时触怒了宙斯
息壤是一种遇水而自长的神泥土，鲧私自取出下界助人类治理水患	宙斯拒绝把火赐给人类，普罗米修斯从太阳车经过的火焰里点燃了一根树枝，把火种带入人间
天帝震怒，派火神祝融下界在羽山杀死了鲧，收回了息壤	宙斯震怒，派火神把普罗米修斯缚在高加索山的悬崖上，并派一鹫鹰每天啄食他的肝脏，白天吃完，夜晚重新生长出来
鲧死后灵魂不灭，尸体三年不腐，内聚精血孕育出禹，禹最终完成了父亲的遗志	30年后，英雄赫拉克勒斯救下普罗米修斯，马人喀戎自愿代替他受罪平息宙斯的怒气

群山，实地考察，做测量，制定方法。大家吃在洪水边，睡在洪水边，披星戴月，开山挖石，把一股股洪水引向东海。

经过长年累月的实地考察，禹把中国分为九个州，他把九州当作一个整体来进行治理，一一开渠疏通洪水。终于，洪水逐渐泄去，露出的土地一一平整，变成良田，用以耕作。

禹治水很讲究方法策略，因地制宜。比如龙门山这个地区，疏导的水到了这里被这座山挡住了去路。他选择了一个最省工的地方，开了一个不到八十步宽的口子，将水引流过去。

关于这龙门山还有一个传说。当龙门山开了个口有水流过时，下游的鱼逆流而上想去产卵。因为龙门太高，很多鱼游不过去，只好拼命往上跳。但只有极少的鱼能跳过去。这就是传说中的"鲤鱼跳龙门"，只要跳过了龙门，鲤鱼就能化身为龙，飞升天际。

禹治水整整花了13年，这13年中，他三过家门而未曾入内。最后，洪水终被驯服，人们得到安生，从此天地祥和，百业兴盛。后人为了纪念禹的伟大功绩，为他修庙立碑，尊称他为"禹神"。整个中国也被称为"禹域"，代表着这是大禹曾经治水的地方。

涂山之会

因治洪水有功，帝舜顺应民意，把天下共主之位让给了禹。大禹继位以后，为确保王权巩固，改变帝舜的和平

人面鱼纹彩陶盆

1955年出土于陕西省西安市半坡。新石器时代前期,多作为儿童瓮棺的棺盖来使用,是一种特制的葬具。现藏于中国国家博物馆。人面由人鱼合体而成,被认为象征着巫师请鱼神附体,为夭折的儿童招魂祈福。

策略,聚合诸侯讨伐三苗,把三苗从长江流域继续向南方驱赶。因为东方的九夷部族不肯协同出兵,大禹回过头来又讨伐九夷。这种强权政治,说明部落联盟的组织到大禹时已经达到了极盛。

据《左传》记载,大禹曾在华夏与东夷之间的涂山(今安徽怀远东南),召集了一次诸侯大会。当时带着礼物从四方赶来的部落首领多达万人,大国献玉,小邦献帛(丝织物),盛况空前。在这次大会上,首先举行了隆重的祭天地仪式,表示大禹是受命于天帝,而各部落也是在天帝和地神的保佑下生存发展的。然后是声情并茂的大夏乐舞,歌颂了大禹的治水之功。四方部落首领在赞叹声中表示对大禹臣服。

后来大禹在击败九夷后,就在九夷故土,即今浙江绍兴东南部地方又数次大会诸侯,并在会稽山之会杀死了迟到的部族首领防风氏。这次诛杀显示了在父系社会时,大禹作为部落联盟首领的权力已经至高无上,为他死后传位于子启奠定了基础。

荆山铸九鼎

击败九夷后,大禹控制的区域已经极为广大,北到今内蒙古境内,西达

大禹陵碑亭

大禹陵位于浙江绍兴城东南的会稽山麓,坐东向西,前临禹池,背依会稽山,主体建筑为禹陵、禹祠和禹庙。此大禹陵碑是明嘉靖十九年(1540年)绍兴知府南大吉所立,字也由其所题。

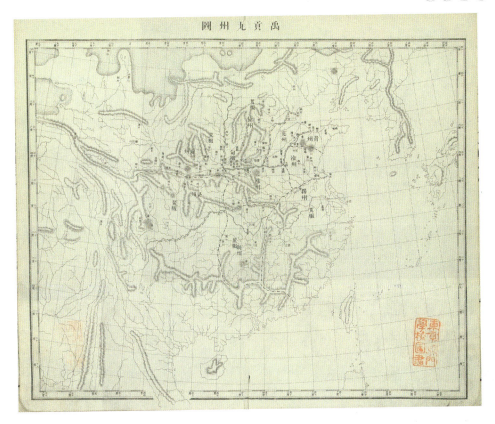

陕西中部，东到大海，南抵长江南岸。为了有效地进行统治，他把天下划分成冀、青、豫、扬、徐、梁、雍、兖、荆九个行政区域，称为"州"，后世称中华为"九州"就是由此得名的。

在治水的过程中，大禹踏遍了大江南北的每个角落，对于各地的猛兽、邪神、厉鬼，了解得都非常清楚，所以他就命令九州的官员搜集和进献铜铁，然后在黄帝曾经铸过宝鼎的荆山脚下，又铸造了九口巨大的鼎，这就是后世所说的"九鼎"。

传说九鼎上刻满了图案和花纹，各地的妖魔鬼怪都罗列在上面，以便出行的百姓有所警惕。这九口巨鼎，一鼎

民国时期出版的《禹贡九州图》

《尚书》中的《夏书·禹贡》记载，大禹的时候，天下分为九州，分别为冀州、兖州、青州、徐州、扬州、荆州、梁州、雍州、豫州。当时的九州是古中原人的活动和思想所及范围，并不是现今的中国范围。后世有学者认为，《禹贡》九州所记应该是公元前1000年前的史实，是战国诸雄分野的主要依据，也是其后秦汉帝国的核心与腹地。

对应一个州，想去哪一州旅行，又怕碰到怪物，只要预先记熟了相应巨鼎上的图案，就可以趋吉避凶，通行无阻了。

九鼎从夏代传到商代，又从商代传到周代，它逐渐失去了旅行指南的功效，而纯粹变成了天子祭祀上天的礼器，变成了国家权力走向集中的一个象征。

夏朝

约前2070年—约前1600年

洪水灭世，天降圣人，定九州而安万民
大禹功就，夏启当位，家天下而王朝续
太康失国，少康中兴
骄横兴，国祚断
夏桀无道，成汤吊民伐罪，取而代之

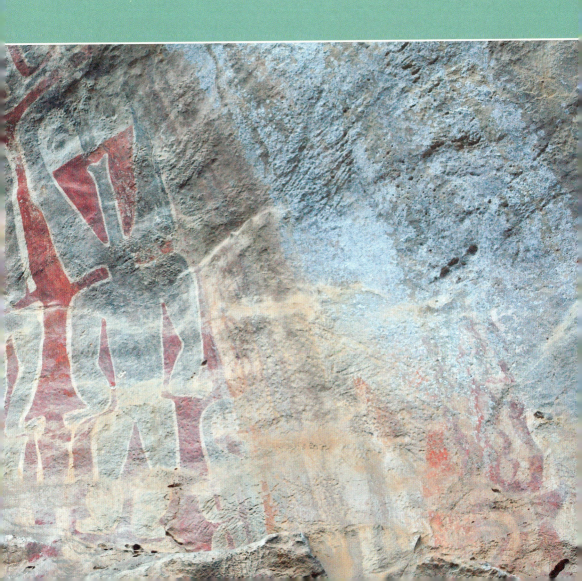

> 约前21世纪

禹子启贤,天下属意焉。及禹崩,虽授益,益之佐禹日浅,天下未洽……于是启遂即天子之位,是为夏后帝启。

——《史记·夏本纪》

启开夏朝

在父亲的刻意安排和培养下,启最终登上了至高无上的王位,"禅让制"从此退出了历史舞台,"世袭制"的开启拉开了中国历史上第一个王朝的大幕。

时间
约前21世纪

政体
君主制

起因
争夺天下"共主"之位

建立手段
杀伯益、攻有扈氏、召开钧台之享

历史意义
禅让制被废,世袭制开始
中国历史上第一个王朝建立

经过大禹在位的治理与征伐,各诸侯朝贡的物品越来越多,共主的权力也越来越大,以致到后期,大禹产生了想把它传给自己儿子的念头。但当时,共主之位的人选仍要通过部落议事会的认可,大禹就不动声色地积极物色新的继任者,先是选中了正直无私的法官皋陶,哪知皋陶身体不佳,居然死在了大禹的前面。

继任者没了,部落议事会又推举出了协助大禹治水有功的伯益。大禹明面上让伯益辅助自己,暗地里却大力培养自己的儿子启,除了学习治理方略,还让启与各路诸侯密切接触,并大力扶植启的亲信。

大禹去世后,已经拥有强大势力的启在夏后氏拥护者的支持下,杀掉伯益,夺取了政权。这一打破常规的行为激起了一些部落的不满,其中最

二里头文化·石磬
1974年出土于山西夏县。石磬是中国古老的石制打击乐器,远古母系氏族社会时,人们发现某些石头在敲击时可发出悦耳动听的声音,就在跳舞时拿来助兴。这种被敲击的石头后来就逐渐演变为一种打击乐器。此磬属于二里头文化早期之物,形状不规整,打制粗糙,钻孔手法比较原始。

不认可的就是有扈氏。双方在甘地（今陕西户县南）发生了一次大的战争，最终启攻灭了有扈氏，巩固了地位。平定叛乱之后，启在钧台（今河南禹州）召开了诸侯大会，举行了一场盛大的献祭神灵活动，这就是历史上有名的"钧台之享"。通过这次盟会，启确立了自己的天下共主地位，废除了传统的部落禅让制，开始了中国历史上"家天下"的局面。随后，启建立了一系列国家制度，使国家的雏形逐渐显现，夏朝诞生了。从此，原始社会宣告结束，中国进入了奴隶社会。

龙山文化·玉神人面
龙山文化时期被崇拜的神人形象，玉质温润，神态森严。现藏于美国弗利尔美术馆。为了生存，史前时期人们事神致福，崇拜神灵为的是祈求能够战胜自然，获得收益。

启在位晚期，他的几个儿子为了争夺继承权，斗争得非常激烈。为了平息儿子们之间的争斗，启曾把一个儿子武观流放到西河。后来，被流放的武观兴兵叛乱，试图以武力夺取政权。这场权力斗争波及整个王朝，差点儿瓦解了夏王朝的统治。后来，启派彭伯寿出兵平叛，武观被俘。可能是这次事件深深打击了启，第二年他就去世了，享年约78岁。

夏王朝与克里特岛文明

夏王朝	克里特岛文明
约前21世纪—前16世纪，青铜时代初期	约前21世纪—前15世纪，中、晚期青铜时代
国家形成，部落联盟制	国家初现，城市化
祭祀天地神灵	祭祀女神
农耕社会；制陶、石器、青铜器、木器、玉器、骨器和蚌器，内部交换。	海外贸易为主，交易对象为陶、铜、锡、番红花以及大量的金银奢侈品，有强大的海上霸权
庶民的主食是由各类谷物做成的粥饭，如将黍、粟、稷、稻煮成稀粥、浓粥食用；社会上层则多食干饭，偶食青菜。会纺织、酿酒、养殖豚、鹿、牛、羊等，已经出现车	饲养牛、羊、猪、山羊，种植小麦、大麦、野豌豆、鹰嘴豆、石榴和温柏，培育葡萄、无花果、橄榄以及罂粟，驯养蜜蜂。由驴或阉牛拉犁
后因末君残暴，由商汤灭国，进入商朝	后被来自希腊半岛的迈锡尼人占领，爱琴文明转入以迈锡尼文明为主的阶段

约前21世纪

夏后帝启崩,子帝太康立。帝太康失国,昆弟五人,须于洛汭,作五子之歌。

——《史记·夏本纪》

太康失国

俗话说得好:"上梁不正下梁歪",有了父亲晚年时的榜样,太康踏上了一条不归路,一朝之君终因不履其职、不负其责被放逐在外,凄凉死去。

主角
太康

角色
夏朝君主

喜爱
吃喝玩乐,尤喜游猎

治下
朝堂之上矛盾重重,四海之内怨声载道。

驱逐者
有穷国首领后羿

结果
丢位失国,流亡终老

齐山文化·彩陶鼓
泥质土黄陶,通体彩绘网格纹和几何纹,近鼓面处有若干乳钉状小钩,用以固定鼓皮。鼓作为一种打击乐器出现于新石器时代,是祭祀、乐舞、征战、狩猎等活动中不可或缺的工具,因其声音雄壮且能传送很远,被尊奉为通天的神器。此彩陶鼓属新石器时代的齐山文化,现藏于美国印第安纳波利斯艺术博物馆。

太康是启的长子,在启死后继立为王。他继位后,将都城由阳翟(今河南禹州)迁往斟鄩(今河南偃师二里头附近)。由于启晚年沉迷于饮酒和听曲,受父亲耳濡目染,太康也养成了好酒、喜曲的恶习。而且他尤喜狩猎,经常带着一大群人离开都城到洛水北岸田猎游玩,数月不理朝政。大臣们劝说无用,再加之前夺权斗争造成的内乱,渐渐对夏后氏失去了信心。而民间则因为百事废弛,民怨沸腾。

这一切,使觊觎权位的诸侯有了可乘之机。

东夷部落里有一个有穷氏部落,首领叫后羿,他趁太康又一次带领大队人马外出去洛水打猎的时候,率军攻占了夏王朝的都城,并将河岸封锁。当太康得知消息赶到岸边时,已经来不及了。

后羿对太康说:"都城已经被我占了,你还是另找一个地方住吧。"大势已去,太康只好在洛水北岸过起了流亡生涯,最后在阳夏(今河南太康)一带筑室住了下来,终老于此。

后羿驱逐了太康后,扶持太康的弟弟仲康为王,仲康忧郁而死后又立其子相。但不久就又驱逐了相,后羿自己当了君王。

夏太康游畋失位

出自《帝王道统万年图册》,册页,绢本设色,明仇英所绘,现藏于中国台北"故宫博物院"。此图描绘了夏朝太康继位后沉迷出游打猎,不理朝政,渐失民心,得知国都被有穷氏的部落首领后羿占领后,才带人返归,但途中被后羿领兵拦截的场景。太康死后,后羿为王,逐太康的五个弟弟和母亲到洛河边,这五个人不免埋怨哥哥,追思大禹的教导,作《五子之歌》哀悼失国。"民惟邦本,本固邦宁"即出自其中,意思是说"人民是国家之本,本固了国家才能安宁",体现了中国最早、最原始的政治思想。

> 约前21世纪

浞行媚于内而施赂于外，愚弄其民而虞羿于田，树之诈慝以取其国家，外内咸服。

——《左传·襄公四年》

寒浞篡位

花言巧语的背后往往埋伏着对利益的贪婪和占有，倾其所有讨一人之欢心，所图非小。权力对于阴谋家来说，永远是最好的动力。后羿，忘掉了自己走过的路，赔上了性命。

主角
寒浞

角色
夏朝君王

民族
东夷族

起家
弑主

利用棋子
逄（páng）蒙

后羿称王后，并没有多少心思打理朝政，把所有的国事都交给自己的宠臣即当时的宰相寒浞打理，自己却整日游玩打猎。

寒浞，相传为寒国公子，是东夷部落伯明氏后代，其祖先为黄帝时的车正（古时管理车服事宜的官），因功被封于寒（今山东潍坊一带）。相传寒浞出生时，被视为不祥之人，被弃之荒野却数日不死，寒国族人把他捡回家偷偷抚养成人。后被发现，为了逃避寒国国君的追杀，只得投奔后羿。他对后羿极尽拍马，阿谀奉承，得到了后羿的赏识和信赖，成了夏朝的宰相。

寒浞随着后羿来到了中原夏王朝的都城后，看尽了君王的享乐和奢华，也生出了坐上王位的野心。他四处收罗天下异兽信息，然后告之后羿，为他寻访打猎之地。后羿本就擅长射箭，对此乐此不疲。

寒浞则利用自己掌控朝局的机会，结交官

良渚文化·陶豆
现藏于中国国家博物馆。陶豆主要用来盛放副食，是祭祀礼器组合之一。其高而稳，且与盛放主食的钵相区分，体现了中国稻作农耕社会派生出来的生活方式。

员，收买人心，树立自己的威信，培养自己的势力。后羿在位八年后，寒浞联合后羿的徒弟逢蒙伺机杀死了后羿，自己取而代之，成为夏王。

相传，为了斩草除根，寒浞下令残酷镇压后羿所属的有穷氏部落。他甚至把后羿的尸体斩成肉泥，加入毒药制成肉饼，送给后羿族人吃。吃了的当场毒发身亡，不吃的就乱刀砍死。

为了肃清夏后氏的威胁，寒浞还派人四处追杀逃走的相。只要有相的消息，追兵马上就会赶到。后来，相终于被寒浞的追兵抓住，死得异常悲惨。只有相的妻子从墙洞里逃脱，逃到了娘家有仍氏部落，生下了遗腹子少康。

大王岩崖画

大王岩崖画位于云南省文山壮族苗族自治州麻栗坡县东郊大王岩岩壁上，整个崖画由红、白、黑三种色彩组成，内容为人物、动物、图案和符号，色彩对比鲜明，风格抽象典型，是中国南方岩画体系中红河流域的代表作。主体画面是两个高达3米的直立人物，身形高大，裸体长发，两脚分立，双掌外翻于腰，胳膊内弯，似在舞蹈。人物的头部怪诞，五官夸张而神秘，鼻子为一长及额头的黑线，上半部脸涂白，下半部脸描红，整体占了全身比例的五分之二。此崖画为新石器时代先民所创作，充满了一种原始的古朴之美，被中外学者称之为"色彩的奇迹，崖画的精品"。

> 约前20世纪

中康崩,子帝相立。帝相崩,子帝少康立。

——《史记·夏本纪》

少康中兴

一个一出生就背负着国仇父恨的遗腹子,机智却不鲁莽,图强并不盲进,在贤人的相助下,巧用计策,最终以弱胜强,夺回原本属于自己的天下。

主角
少康

角色
夏朝君王

掩饰身份
虞国庖正

助力贤士
崇开

使用计谋
派间谍、离间计

结果
寒浞被凌迟;其子戈豷被剁成肉酱,另一子过浇被袭杀;夏后氏重新掌握政权

二里头文化·青铜爵
此铜爵为夏朝时王公贵族饮酒用的酒器,采用复合范铸造而成。二里头文化铜爵是中国青铜文化中最早的青铜酒器,进入商朝后成为标志身份和等级的青铜礼器之核心器。夏朝时酒文化十分盛行,而且出现了传说中的"酿酒始祖"杜康(即少康),他发明了专供人们饮用的秫酒(高粱酒)杜康酒,至今杜康酿制杜康酒的酒泉,还位于河南汝阳县杜康村的酒泉沟里。

遗腹而生

少康从小就表现出非同常人的一面,不仅聪明伶俐,而且对治理国家、行兵布阵情有独钟。

他刚刚懂事,母亲后缗就时常给他讲述以前祖上失国的惨痛教训,让他好好记住祖上的耻辱,一定要替父报仇,复兴夏后氏。年幼的少康看着母亲讲述往事时不停流下的泪水,发誓一定要报仇雪恨,夺回属于自己的天下。

少康长大后,被外祖父派去担任牧正一职,这是一个管理畜牧的小官。他利用空闲时间学习行兵打战,甚至用牛羊来当作军队,布出一个个变化万端的兵阵。

安稳的日子总是短暂的,少康15岁那年,寒浞听说了相有后人,大为震惊。为了斩草除根,他派自己的大儿子过浇来追杀少康。

过浇带着大批军马赶到了有仍氏部落,让他们交出少康,有仍氏虽惧怕寒浞的势力,但又不愿意交出这对母子,只好

夏 朝

让他们从小路逃走。

过浇得知消息后,立马带兵四处搜寻。

复国准备

少康母子东躲西藏,四处漂泊,居无定所,一路上受尽磨难。有一日,少康和母亲相互扶持着来到了有虞氏的诸侯国。国君虞思得知少康是夏后氏后裔之后,收留了他们,为掩饰身份,让少康担任庖正一职,主要负责管理食物。

作为回报,少康干得十分认真,甚至还酿造出一种非常美味的高粱酒。因为少康又名杜康,后世就用"杜康"来代指酒。

这样的日子一晃就是五年。在这五年中,少康从未忘记身负的血海深仇,时时刻刻提醒自己不要忘了复国之志,并时时保持警觉,提防寒浞派人来杀害自己。

虞思经过这么几年的观察,觉得少康是可造之才,便将自己的两个女儿都许配给了少康,还赐给他一块方圆十里的封地和五百名训练有素的奴隶。

这块封地便是纶邑(今河南商丘虞城县西),纶邑土地

良渚文化·玉笏
现藏于美国弗利尔美术馆。玉笏是古时候文武大臣朝见君王时手持的玉制手板,按品第分别用玉、象牙或竹制成,其上可以记录君命或旨意,亦可以将要对君王上奏的话记在上面。

肥沃,少康以此为根据地,开始发展自己的势力。他设官分职,励精图治,广施恩德,体恤百姓。在他的管理下,封地里的百姓安居乐业,士兵个个勇敢善战,敢打敢拼。他努力争取民众支持他的复国大计,同时广召夏王朝的旧臣和遗民,为复国做准备。

恢复夏朝

少康深知欲完成复国大业,必须得到贤人相助。于是当他听说山南有一位贤士崇开后,便一连去拜访了五次。崇开是代国之后,因被寒浞灭国而避居山野。

齐家文化·三角纹铜镜
远古时代人们以水照容,铜器发明以后,以铜盆盛水鉴形照影。随着合金技术的出现,才开始出现铜和锡或银、铅等制作的铜镜。此镜是中国已知最早的一面铜镜,距今约有4000年的历史。现藏于中国历史博物馆。

直到第五次,崇开才同意下山相助。从此,少康就每天向崇开请教天地古往之道,治乱兴亡之故,抚士安民之术。

经过数年的准备,少康的势力已经不小了,但想要跟寒浞抗衡,还是有一些差距。崇开看他情绪低落,便劝他不要跟敌人硬拼,要智取,可以利用寒浞两个儿子过浇和戈豷都想继承王位的矛盾,派出间谍先打探消息,时机合适时再实施离间计使其兄弟相争,天下混乱之时就是少康动手之日。

少康闻言大喜,立马派出自己的心腹女艾到过浇那里打探敌情,戴宁到戈豷那里卧底。这两人均是仲康时旧臣,足智多谋又忠心耿耿。

女艾知道过浇虽为太子,却并不被寒浞喜爱。他利用这一点,向过浇进言:"你父王偏爱戈豷,世人皆知,如果戈豷的势力一天天壮大,你的太子之位可就岌岌可危了,不如早动手保住王位。"而戈豷恃宠而骄,早就对兄长不满,戴宁就不时地怂恿他灭掉太子取天下。于是,这两兄弟都开始暗中蓄势,伺机兵变。

有一天,寒浞出宫远游。在女艾的怂恿下,过浇挥军杀进宫中,除后宫妃嫔外杀尽宫中之人。戈豷得知此事后,则派兵杀向过浇的领地。因过浇在国都,领地兵力空虚,一下就被占领。戈豷继而挥兵打入王宫,杀了过浇。

少康知道机会来了,发兵起事。他得到了忠于夏王朝的大臣和诸侯国的响应,联合了太康亡国时出逃的大臣伯靡。伯靡首先起兵攻杀寒浞,而少康的大军先后夺取了过浇和戈豷的原领地,会合伯靡,一起向王宫进发。因为有女艾和戴宁作为内应,王宫一举被攻破。戈豷被剁成肉酱。

寒浞想要自杀,却被人抓住。伯靡当着众人历数寒浞犯下的条条罪状,念一条就割下他一片肉,最终寒浞被凌迟而死。

随后,寒浞的所有势力消灭殆尽,控制了中原近百年的东夷族有穷氏覆灭。少康复夏后,勤政爱民,专心农业水利,在他的治理下,夏朝出现了繁荣安定的局面,史称"少康中兴"。

《夏小正》

《夏小正》是夏代的一本历法,是中国至今还保存着的最早的科学文献。它由两部分组成,分别是"经"和"传",全文463个字。它依据一年十二个月,分别记载物候、气象、天象和重要政事,尤其是生产方面的大事。其内容反映了当时的农业生产、畜牧渔猎、蚕桑养殖,但没有关于"百工之事"的记载,说明当时社会分工还不发达。

据说《夏小正》这本历书是夏禹颁布的,而孔子也提到过此书,说明《夏小正》在春秋时代便已经出现,为研究中国上古时代的农业及其农业科学技术提供了不可多得的资料。

二里头文化·碧玉刀
玉质墨绿色，形体狭长，呈扁平梯形，背部平直，上穿四孔，刃两边起棱。多孔玉刀是二里头文化片状玉礼仪兵器中的主要器型之一，用于特定的礼仪场合，突显庄严肃穆、不可忤逆的王者权威。现藏于美国洛杉矶郡立艺术博物馆。

约前18世纪

帝孔甲立，好方鬼神，事淫乱。夏后氏德衰，诸侯畔之。

——《史记·夏本纪》

荒唐的孔甲

这是中国历史上第一位对鬼神巫术深信不疑的君王，在叔父和堂兄都先后去世后，王位转了一个圈又回到了他的手里。这让孔甲对于自己所信之术更加沉迷，不惜丢了王位，留了恶名。

主角
孔甲

角色
夏朝君王

喜好
鬼神巫术

宠物
雌雄双龙

最喜爱的活动
上神台办仪式

最不可思议的事
池中养龙

孔甲是夏王朝姒不降的儿子，因其从小性格孤僻乖张，长大后又深信鬼神巫术，一直不为父亲喜爱。因此，姒不降生前就把王位传给了自己的兄弟，即孔甲的叔父姒扃。这让孔甲非常怨恨，他天天和巫师混在一起，用巫术诅咒姒扃早死。结果姒扃真死了，姒扃死后王位归了孔甲的堂兄姒廑。

巧的是，他的堂兄姒廑居然也先他而去。这下好了，他们这一脉就只剩孔甲了，王位转了一圈，终于还是落在了他的手上。

孔甲继位后，就把叔父和堂哥的早死都归功于巫师，认为巫术效果神奇，对鬼神之说更加信奉不已。他在全国大肆修建庙台，时不时举行各种仪式，呼神弄鬼。王宫之内巫师无数，每天击鼓鸣钟，焚香祷拜。

上行下效，国君如此，全国的官员百姓也跟着效仿，于是巫风刮遍整个国家，朝政荒废，五谷不产。整个国家渐渐衰落，各诸侯国叛离之心渐重。

有一天，天上降下来一雌一雄两龙，大家都很高兴，觉得

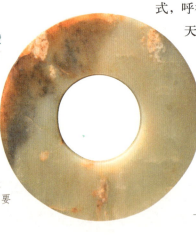

二里头文化·玉璧
玉璧是一种中央有穿孔的扁平状圆形玉器，为中国传统的玉礼器之一。亦可佩戴和作为随葬品，同时又是社会交往中的馈赠品或信物，是中国玉文化一个重要组成部分。

宁明花山岩画

花山岩画坐落在距宁明县城25千米的左江边崖壁上，是举世闻名的广西左江岩画群中最具典型的代表作，也是世界古代岩画史上罕见的精品。在凹凸不平的巨大山崖上，密密麻麻地画上1800多个赭红色裸体人像和一些动物器具，其中以人像居多，雄伟壮观，神秘莫测。

这是祥瑞之兆。孔甲也很激动，命人在降龙的地方建了一个"御龙台"，除派专人侍奉双龙外，还到处打听会养龙的人。

尧裔陶唐氏的后人刘累，传说有一身养龙的本领，正愁无用武之地，听说后立马来见孔甲，愿意为他养龙。由于刘累的到来，双龙不但进了挖好的湖泊，而且也精神了不少，孔甲十分满意，不但赐刘累御龙氏，还强夺豕韦氏（古部落名）后代的封地给了他。

可惜好景不长，不久雌龙竟然死了，刘累这一惊非同小可。他思来想去，最后把雌龙烹熟了给孔甲吃，哪知孔甲吃了雌龙肉后觉得美味，竟说："不如把雄龙也杀了给我吃吧。"刘累不知真假，一害怕就逃了。

后来，孔甲又找来了一个养龙高手师门，把雄龙养得倒不错，就是性格不好总爱顶撞孔甲，孔甲一生气，派人把他暗地里杀了。谁知，师门死后，狂风大作，暴雨倾盆，好不容易等雨停了，郊外又起了山火。深信鬼神的孔甲认为这一定是师门的冤魂在报复，竟然吓死了。

历史上的"孔甲养龙"不过是个传说故事。那两条所谓的"龙"，可能只是两条怪异的鱼而已，被孔甲吹嘘成了神龙。但是由这个故事可以看出，这位君主的荒唐和怪诞。

◆ 孔甲时期的军队编制 ◆

孔甲时期，夏朝军队的主要兵种为步兵，作战方式也为徒步格斗。士兵使用的武器以戈矛和远射程的弓矢为主。现在已发现的夏朝兵器多为箭头，石镞、骨镞的样式特别多，有扁圆形的、三棱形的、四棱形的、柳叶形的，而且多数磨制较精，棱角锋利。据记载，那时候，战车也已经应用于战场，车上成员已有左、右、御的区分。而对于作战人员来说，夏王对其有强制性的军纪约定：服从命令的人，将在祖庙受到奖赏；不服从命令的人，将在社神前受到惩罚，或被降为奴隶，或被杀掉。

▶ 约前16世纪

桀不务德而武伤百姓,百姓弗堪。

——《史记·夏本纪》

夏桀亡国

宠妹喜、重小人,奢侈无度,嗜杀成性。夏桀集亡国之君特性于一身,在妄图与太阳齐命的狂傲中断送了自己的性命,正所谓"自作孽,不可活"。

主角
夏桀

角色
夏朝君王

宠妃
妹喜

特长
文武双全、好色喜酒、残暴嗜杀

后世典故
时日曷丧

坐在两个侍女肩上持戟的夏桀

修倾宫、宠妹喜

夏桀(?—前1600年),名癸,是历史上有名的暴君,一生骄奢淫逸,暴虐无道。在位之初,他嫌弃王宫老旧,于是花巨资,动用万人花了7年时间修建了一所倾宫。之所以叫倾宫,是因为这宫殿楼宇围墙很高,人站在上面有倾倒的危险之感。也有说它是一个占地非常大的奢华宫殿。

那时候,诸侯各国因对夏桀不满,早已停止向夏王室朝奉,加上国内民不聊生,矛盾激化,整个王朝岌岌可危。

这一切,夏桀全不放在心上,依然极尽享乐。有一次他发兵攻打有施氏,有施氏战败后首领把自己的妹妹献给了他。这就是中国历史上有名的亡国红颜之一妹喜。

妹喜漂亮可爱又楚楚动人,夏桀对她一见倾心,宠爱有加,还特地为她造了一所富丽堂皇的宫殿,名曰琼室。传说妹喜有三个癖好:一是喜欢看人们在酒池里饮酒,二是喜欢听撕裂布帛的声音,三是喜欢穿戴男人的官帽。

为了讨好妹喜,夏桀就建造了一个规模大到可以划船的酒池,经常有喝醉的人在里面溺死;还让人拿出宫中所有的布帛，撕烂了给她听。并为此杀了劝谏他的大臣关龙逄。

被诅咒灭亡的"太阳"

对于美食，夏桀也是极其挑剔，要的全是精华，一旦食物没有让他满意，夏桀便会杀掉厨师。厨师们个个战战兢兢，生怕因此而断送性命。

为了取乐，他常常让手下把一只饿了几天的老虎放到街道上，他就在高楼之上，欣赏人们慌乱奔逃，最终被饿虎生生撕裂吃掉的画面。

老百姓对夏桀可谓恨之入骨，编出了许多歌谣来嘲讽他。有人把这些歌转述给夏桀，夏桀不以为然，说："这些都是胡说八道，我的天下就像天上的太阳，太阳在，它就在。除非太阳没了，我的王朝才会灭亡。"

老百姓听后，纷纷指着太阳祈

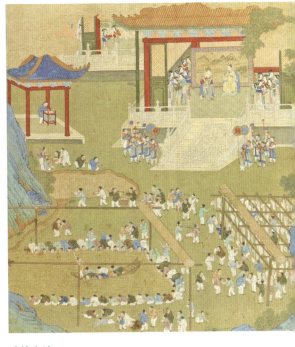

脯林肉池

出自16世纪《帝鉴图说》。画中描绘了夏朝最后一代君王桀在位时，荒淫腐化、极端享乐的生活场景。传说他的酒池修造得很大，都可以划船。后世考古专家们在河南偃师商城内发现了一座规模庞大的石砌水池遗迹，证实了夏商时古代帝王池苑的存在。

夏后氏后裔

夏朝灭亡后，夏后氏族人有一部分留在了中原，臣服于商王。不愿为臣者被迫开始逃亡，其中最主要的两支，一支向北，一支向南。一路向北的这支进入了蒙古地区，与当地部落渐渐融合，后世有学者认为这就是"匈奴"的始祖。《史记》上也有如下记载："匈奴，其先祖夏后氏之苗裔也，曰淳维。"

南逃的一支，是沿着夏桀的路线，从历山南迁到了南巢。

而臣服于商朝的夏后氏，其中一支姒姓被商汤迁到杞国，以在宗庙继续奉祀祖先，表达对禹的敬意。而少康庶子无余被封在越国，这一支姒姓族人世世代代为禹守陵至今，在浙江绍兴会稽禹陵村仍有后人。

二里头文化·青白玉鸟纹坠
二里头玉器上承龙山文化与良渚文化玉器，下接商代文化玉器，是中国历史早期玉器发展演变的一个重要阶段。此玉坠，青白玉质，通体雕琢成竹节形，鸟首，长羽刻身。这是史前仿生玉的一个杰作。现藏于美国大都会博物馆。

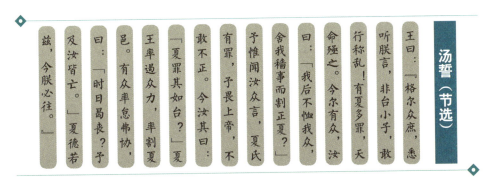

汤誓（节选）

王曰："格尔众庶，悉听朕言，非台小子，敢行称乱！有夏多罪，天命殛之。今尔有众，汝曰：'我后不恤我众，舍我穑事而割正夏？'予惟闻汝众言，夏氏有罪，予畏上帝，不敢不正。今汝其曰：'夏罪其如台？'夏王率遏众力，率割夏邑。有众率怠弗协，曰：'时日曷丧？予及汝皆亡。'夏德若兹，今朕必往。"

祷："太阳啊，你快快灭亡吧，让我们一起灭亡。"

朝里的大臣看到关龙逄这样的下场，再也没有人愿意规劝夏桀。

诛杀忠臣

太史令终古看到夏桀如此荒淫无度，忧心忡忡，跑到夏桀面前痛哭流涕，规劝道："从我朝先王大禹至今，君王个个爱惜他的百姓，才能得到他们的爱戴和拥护。如果像您如此残害人民，奢侈浪费，迟早会尽失民心，国将不国。"

夏桀听了大骂终古多管闲事，把他赶出了宫。终古心里十分难受，他清楚夏桀如果这样继续下去，整个王朝迟早会倾覆。于是，他悄悄地离开投奔了商汤。

大臣关龙逄听到老百姓愤怒的声音，也向夏桀进言，说天子只有谦恭而讲究信义，节俭又护贤才，天下人心才能稳定，王朝才能长久，老百姓有怨恨，天下就危险了。希望夏桀能够早日改正过错，挽回人心。

夏桀非但没听进去，一怒之下让人把关龙逄给杀了。

商汤灭夏

在夏王朝渐渐走向灭亡的时候，黄河下游一支以汤为首领的商部落，经过多年的向外征战和扩张，势力日益壮大。夏桀起初担心商部落对自己的威胁，就把汤囚禁在夏都，商族人以重金贿赂了他的亲信，使得汤获释回商。经过积极的准备，汤在先后征服了夏的附属小国后，出兵伐夏。

夏桀听到商汤起兵的消息，亲自带兵准备迎战。双方在夏的重镇鸣条（今河南封丘东，一说在山西运城夏县）交战，由于久失人心，夏朝的士兵不愿意为桀卖命，刚一碰上汤兵便纷纷逃散。夏桀喝令不住，仓皇逃入城内，带着妹喜和珍宝，坐船至南巢（今安徽巢湖）。后在此地被赶来的汤俘获，放逐于此。

由于夏桀和妹喜过惯了养尊处优的日子，没人服侍，自己又不会耕种，最终双双饿死。夏朝宣告灭亡。

二里头遗址

位于今河南洛阳偃师的二里头遗址的考古发现，为学术界对于夏王朝的存在和历史研究提供了可靠的依据。二里头遗址年代分布约为前1750年—前1500年（一说前1730年—前1520年），属于夏朝晚期的都城遗址，以二里头村为中心，东西约2千米，南北约1.5千米均为其范围。

发掘历史

从1960年到1964年，洛阳考古队先后在这里进行了8次发掘，发现了数量不等的陶器、玉器、铜器、象牙器、骨器、漆器、石器等，此外还有宫殿、居民区、水井、墓葬、手工作坊遗址。其中二里头发掘出的夯土建筑基址，是迄今为止中国发现最早的宫殿建筑基址群。宏伟的宫城、完善的格局、纵横交错的中心道路网，其规划有序、布局合理的形制为后世所沿用。

玉璋

璋呈扁平长方体状，一端斜刃，另一端有穿孔。后端两侧出扉牙，扉牙对应处留有平行阴线。现藏于美国印第安纳波利斯艺术博物馆。玉璋除用作六器之一外，还是诸侯聘女的信物。此外，也是天子巡狩的时候祭祀山川的器物，大山川用大璋，中山川用中璋，小山川用边璋。所祭的如果是山，礼毕就将玉璋埋在地下；如果是川，礼毕就将璋投到河里。

二里头夏代宫室建筑复原图（1号宫殿基址）

河南偃师出土的二里头夏代宫殿是中国已知最早的庭院建筑，如图所示复原的1号宫殿，据考古学家考证整个台基的面积就有1万平方米，宫殿外的墙和廊庑甬道使宫殿形成一个独立、封闭的空间，人们在外面只能看见高大的宫墙，而进入宫中，则需要经过宽广的庭院和漫长的甬道。这种布局刻意营造了一种庄严、神秘的氛围，这种建筑特点经历代王朝不断演绎，发展到极致便是明清皇城紫禁城。因此，二里头宫殿可以说是中国所有宫城的鼻祖。

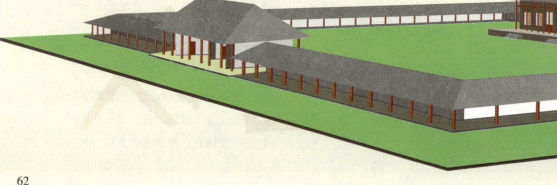

玉戈
戈援部（刃部）略呈弧度，直内（后端），内上饰平行的粗阳纹。现藏于美国弗利尔美术馆。戈是商周流行的一种兵器，以玉为戈始见于二里头文化，为礼仪用器之一。

二里头文化

二里头文化是指以河南洛阳偃师二里头遗址一至四期所代表的一类考古学文化遗存，介于中原龙山文化和二里岗文化之间，属于中国青铜时代的文化。考古学界目前对二里头文化与夏文化之间的关系存在着分歧，如二里头文化中的一到四期都属于夏文化；一、二期属于夏文化，三、四期属于商文化；前三期属于夏文化，最后一期属于商文化等。但无论是哪种说法，二里头文化是探讨夏文化的主要对象这点，却是大家公认的。

绿松石龙牌饰
河南偃师二里头遗址出土，被命名为"中国龙"，它的出土为中华民族的龙图腾找到了最直接、最正统的根源。镶嵌铜牌饰是一种主要流行于夏代的青铜器，以镶嵌绿松石为最大特征，集铸造和镶嵌于一身。二里头遗址出土的同类铜牌饰，目前共发现十余件。其中以美国收藏的最多，仅哈佛大学赛德勒博物馆就有三件。此牌饰现藏于中国社会科学院考古研究所。

黑陶酒觚
觚是中国古代一种用于饮酒的容器，也用作礼器。圈足，敞口，长身，口部和底部都呈现喇叭状。在二里头文化中，这种酒器多用于神圣的祭祀仪式，因此都是用经过淘洗的黏土精心制作而成，黑陶或白陶更少见，尤显珍贵。它们很少出土于日常生活的场所，大多随葬于墓中。

商朝

前1600年—前1046年

天命玄鸟，降而生商
商汤灭夏，四方来朝；盘庚迁殷，国本遂稳
拂去甲骨上的尘埃，千年的岁月在武丁盛世中流芳
惜叹纣王无德，终失承嗣

> 传说时代

简狄,有娀氏之女,为帝喾次妃……三人行浴,见玄鸟堕其卵,简狄取吞之,因孕生契。

——《史记·殷本纪》

天命玄鸟,降而生商

远古的部落首领,常常一出生便自带"神"的光环,商族的老祖宗也不例外。古人相信天命,当首领戴上"天命所归"的冠冕,一切才都顺理成章。

部落祖先
契

图腾
玄鸟

发源时间
舜、禹之时

祖先来源
契母简狄吞玄鸟之卵而孕

名称来历
因助禹治水有功而封于商地得名

社会形态
承袭夏文明,父系氏族社会

契像
即阏伯,子姓,帝尧的异母弟,就是传说中的商之始祖。

商族是黄河中下游一个古老的部族,在舜做部落联盟首领时就已出现了。关于商族的起源,《诗经·玄鸟》中有诗云:"天命玄鸟,降而生商。"玄鸟,是一种黑色的鸟,后人指是燕子。这两句诗,包含了一个关于商族起源的美丽传说。

相传,商的祖先是契,契的母亲简狄本是有娀氏部落首领的女儿,嫁与帝喾为妃子。但简狄出嫁后,一直没有孩子。一年春天,她和丈夫帝喾以及两个妹妹到郊外祭祀媒神。媒神是掌管生育的神,凡是没有子女的女子向其祷告,常能如愿以偿。祭祀完毕后,简狄和两个妹妹感觉疲乏,就到附近的玄丘之水中沐浴。这个时候,天空忽然飞来一只玄鸟,也就是燕子,落在简狄的掌心。简狄非常开心,不料,那燕子忽然在她掌心产下一枚卵,飞走了。两个妹妹特别好奇,纷纷过来看那枚奇异的鸟卵,简狄怕众人争抢打坏了卵,就将卵含在嘴里,却一不小心吞了下去。

过了没多久,简狄感觉腹中有异动,竟然怀孕了。她又惊又喜,认为这个孩子是天神赐予的。后来,简狄生下一个男孩,取名为"契"。

契出生后，一直跟着母亲生活，简狄也将全部心思都放在如何培养儿子成人上。她教契各种知识和做人的美德。契天资聪颖，自小就表现得卓尔不群，将母亲的教诲牢记心中。

他长大后，成为一个有胆有识、品德高尚的人，在尧和舜做部落联盟首领时，他担任司徒一职，负责教化民众。在他的治理下，各部落内的道德风貌大大改观，父慈子孝，兄弟友爱，夫妻间相敬如宾。

后来，洪水泛滥，大禹负责治水，契又帮助大禹一起治理水患，立下功劳，得到了禹的称赞。因治水有功，契被封于商（今河南商丘一带），他的后世子孙都生活在商地，并以"商"为部族名称。这就是商的来历。

虽然"玄鸟"一说可能是后人为了神化祖先而编造的，但从甲骨文中发现，商人确实以玄鸟为图腾，契也被称为"玄王"。据《史记》记载，大禹是龙的后裔，而助禹治水的契则是凤的后裔。整个商代都特别崇信玄鸟，商朝的青铜器也铸有各式各样的凤纹图案。那时候，东夷各部落都以鸟为图腾，而"玄鸟生商"的故事则证明商族和东夷族有着密切的关联。契的母亲来自有娀氏部落，而契建立的商部落实际是有娀氏的一个分支，它承袭了早先的戎夏文明，从母系氏族社会过渡到了父系氏族社会。

契的子孙世世代代经营商地，并向东、向北发展，使这个部落逐渐强大起来。

郑州商城遗址南城墙文化街玄鸟雕塑
"天命玄鸟，降而生商"的美丽故事，寓意商族在这里起源，商业从这里开始，先商民族在这里繁荣兴盛。

约前19世纪

十二年，殷侯子亥宾于有易，有易杀而放之。

——《竹书纪年》夏纪

上甲微讨伐有易

一个图财害命的阴谋，一场为父报复的部落之战，四年后终偿还的不仅仅是某个人的性命，而是整个氏族部落的存亡。滚动向前的社会之轮冷酷时只助力拥有先进生产力的一方。

起因
有易部落首领绵臣贪婪，图财害命

复仇者
王亥之子上甲微

帮手
河伯部族

结果
有易氏被灭，绵臣死

华商始祖王亥雕像
王亥，子姓，夏朝时期商丘人，是商国的第七任君主、阏伯的六世孙、冥的长子，为王姓始祖。王亥开创了华夏商业贸易的先河，后来人们就把从事贸易活动的人称为"商人"，把用于交换的物品叫"商品"，尊称王亥为"华商始祖"。

商部落的第七代首领叫王亥，他曾协助父亲冥治理黄河水患，父死后继任为首领。王亥善于饲养牛羊，在他的指导下，部落里的牛羊都养得又肥又壮，数量越来越多。物品有了剩余，王亥又发明了牛车，运输货物到其他部落进行交易，促使商部落的农牧业迅速发展。据说，后世将从事贸易的人称为"商人"，将用于交换的物品称为"商品"，皆来源于王亥作为商族首领，开创了贸易活动，人们把他称为中国商业创始人。

商部落的牛羊越来越多，王亥就和弟弟王恒商议，用多余的牛羊和特产去东方的有易部落（今河北易水一带）去交换一些当地的特产。兄弟二人从现在的商丘出发，载着货物，赶着牛羊，长途跋涉来到有易部落。不料，有易部落首领绵臣从来没有见过这么多牛羊,心生觊觎,竟趁机杀害了王亥,夺取了货物和牛羊。

王亥死后,王恒逃回部落,和众人拥立王亥的儿子上甲微为首领。上甲微年少继位,不忘父仇,但他知道此时商族虽然富庶,但军备不足,又缺少能征善战的将士,难以讨伐有易部落。他忍而不发,继续大量饲养牛羊,用多余的牛羊向其他部落换取刀矛等武器;同时加紧扩充军队,训练士兵,将一些俘虏也扩充到军营中,日夜演练阵法。

四年后,商部落军事实力大增。为确保一举击溃有易氏,上甲微还亲自携带大量牛羊,送给附近的河伯部落,请求河伯首领支援。河伯本来就与商交好,又有牛羊为礼,当即答应出3000人相助讨伐有易部落。

一切准备就绪后,上甲微带领军队,浩浩荡荡地杀向有易部落,有易部落首领绵臣毫无防备,刚一交战便全线溃败。他带领残余人马后退到防御工事中,与商部落对峙。绵臣很善于修筑工事,凭借坚固的防御工程,将商部落的人马挡在外面。但上甲微誓要为父报仇,岂能退却?一天夜里,他率军攻打绵臣的防御工事,屡攻不下,双方厮杀得难解难分。

就在绵臣自恃防御工事坚固时,却听到后方喊杀声震天。原来,与商结盟的河伯首领履行诺言,带领大军从后方包抄而来,截断了有易部落的后路。有易部落腹背受敌,顿时军心大乱,一些士兵四处逃窜,最后只剩了绵臣和一小部分亲信负隅顽抗。

上甲微率众人杀进来,最后亲手杀死绵臣,为父亲王亥报了仇。上甲微消灭有易部落后,威名大震,扩张了自己的势力,也使商部落逐渐成为部落联盟中一个强大的部落。

位于河南郑州商都遗址公园内的商朝古城墙
由黄土夯实而成。城垣周长七千米,用土分层夯筑。城墙剖面为梯形,底面一般宽二十米,高约九米,部分城墙被掩埋在现今的地面之下。环城发现十一个缺口,某些缺口可能与城门有关。城墙附近有大量的商朝文化遗址。

前17世纪—前16世纪

汤征诸侯。葛伯不祀,汤始伐之。

——《史记·殷本纪》

成汤即位伐葛伯

如果说成汤灭夏是一场"猎狼"行动,那灭葛国、打韦国、消灭顾国与昆吾,不过是为围猎做的准备活动。在这一场场热身战中,成汤展现了一个领袖应有的稳重与智谋。

背景
夏桀暴虐,天下失心,成汤欲取而代之

战略考虑
葛国、韦国、顾国、昆吾国皆忠于夏桀,是其耳目,地理位置均在商国周围

主要策划者
成汤、伊尹

采取对策
表面臣服,暗中积蓄力量

胜负结果
成汤灭掉诸国,为推翻夏王朝奠定基础

成汤即位

成汤,即商汤,是商朝的第一代君王,契的第十四代孙,其父名主癸。相传,他的母亲在即将临产的时候,曾梦到一条白气贯穿明月,几天后便生下了汤。

汤出生时已是夏朝末年,继位的君主都不理政事,迷信鬼神,整天打猎享乐,生活极度奢靡,加重了人民的负担,使百姓怨声载道,而各诸侯势力不断壮大,纷纷生出反叛之心。

在这些诸侯国之中,商国可谓是数一数二的强者。自上甲微灭有易之后,商国由氏族部落过渡到奴隶制国家,其国力不断强大。农牧业迅猛发展使部落财富持续增长,到了成汤的父亲主癸之时,商国已是不容小觑的大诸侯国。

主癸去世后,汤做了部落首领,当时在位的夏朝君主是残暴不仁的桀,有雄心的汤的理想便是消灭夏桀,取而代之。

从契开始,商部落已经进行了八次迁徙,汤即位后,又将部落的居住地迁回了祖先曾居住的地方亳(今河南商

商王成汤像

丘一带，原名商）。从亳到夏都城，地势开阔，没有山河阻挡，便于开展军事进攻。迁到亳之后，汤便招兵买马，加紧训练军队。他不仅宽以待民，重视本部落的发展，在对外关系上，也不断扩大影响，取得诸方国和部落的支持。

灭葛之战

在商国西边，有一个葛国（今河南商丘宁陵），与商比邻而居。葛国的第一代首领是伯益的儿子大廉，当初夏启夺得帝位后，将大廉封于此地，封号葛伯。葛国是商国的邻国，在有夏一代，葛国也曾独霸一方。但随着商国的强大，葛国的生存空间逐渐缩小，当汤任商国首领时，葛国已经成了一个名副其实的小国。

成汤要进攻夏桀，忠于夏桀的葛国就是西进中的第一个障碍。关于葛国的灭亡，历史上记载着一个"葛伯仇饷"的故事。当时葛国的首领是葛伯，他不祭祀祖先，祭祀祖先在当时是很重要的活动，成汤就派人去质问他，葛伯就说："我们没有牛羊。"于是，成汤就给葛国送去很多牛羊等祭祀品。葛伯把这些牛羊等祭祀品全吃了，还是没祭祀祖先。

成汤又派人质问，葛伯又说没有祭祀的五谷，成汤又派人送种子、帮忙种地，并派老幼送饭到田地里。葛伯就派人抢了这些送饭的人，还杀了一个小孩子。成汤大怒，以葛伯不祭祖神、冤

商汤解网施仁

据《史记·殷本纪》记载：商汤有次外出，在野外见一人正在张网捕鸟。那人将网四面张开，并祷告说："从天下四方飞来的鸟，全都钻入我的鸟网吧！"于是商汤让侍从解开其中三面网，只存一面，并命那人改变祈祷内容说："想要往左飞的，就往左飞；想往右飞的，就往右飞；想往高飞的，就往高飞；想往下飞的，就往下飞；不听劝告的，就进入我的网。"汉江以南的列国诸侯听到这件事后说："成汤的道德修养已达到了极点，竟能将恩德推广到禽兽身上，真是仁德之君！"一时间诸侯国纷纷叛夏归商，竟多达36个。商汤解网施仁，恩及禽兽，深得民心，被视为仁德之君。

杀孩子为名，伐灭葛国，自此开始了灭夏战争。其实，成汤灭葛国时，本想看看夏桀的反应，谁想这位夏朝的末代君主正忙着享乐，压根就没在乎这事。

商·青铜箭镞

湖北盘龙城遗址出土。盘龙城遗址出土的青铜器,按用途可以分为炊食器、兵器、生产工具等几大类。此箭镞形制多样化,有双翼、三棱、四棱、扁叶、圆棒形,显示了商时此兵器的广泛应用。早在新石器时代晚期,箭镞是先民们捕猎时的投射工具。商代时除狩猎外也用于战场,为一种远射程武器。

东征西讨

虽然夏桀残暴，其所辖的诸侯、方国之中，叛离者不少，但忠于夏王朝的仍然占有半边天。除被灭的葛国外，还有三个与商国同处在东部的属国，它们分别是韦国（今河南滑县东）、顾国（今山东鄄城东北）和昆吾国（封地立国于山西运城一带，后又迁到今河南许昌）。它们都与商国邻近，其势力不容小觑。

成汤诛灭葛伯之后，又经"十一征而天下无敌"，但这三个属国还忠心地扮演着监视者的角色，不断向夏桀报告商国的动向。

就在成汤准备征伐韦国时，夏桀终于有了行动，他开始担心势力过大的成汤威胁到自己的统治，便召成汤入朝觐见，然后把成汤囚禁在了夏台。商国的右相伊尹设计将成汤救回，并为他详细分析了敌强我弱的形势，建议他表面臣服，暗中积蓄力量，等待时机。

后来，叛夏归商的人越来越多，在一番谋划和准备后，成汤和伊尹先率领归附他的诸侯联军，对韦国发动了突然进攻。韦国，彭姓，夏王少康复国后，封功臣伯靡之子于豕韦（今河南滑县）立国。韦国虽有一定实力，但猝不及防，求援不及就灭亡了。韦国既破，顾国也独木难支。成汤挥兵东进，乘胜将顾国也灭了。

昆吾是夏桀最亲近的盟国，夏朝东南方面的主要屏障，实力较强。昆吾国的君主夏伯自以为实力雄厚，率军向商国发动进攻。成汤派辅臣伊尹迎战昆吾，第一战便大败昆吾大军，伊尹一鼓作气，再战就杀了夏伯，灭掉昆吾，此后昆吾的土地、财产、百姓尽归商国所有。

葛国、韦国、顾国、昆吾国之战，商军四战四捷，为成汤扫清了灭夏道路上的障碍。

昆吾国后世人联周灭商

昆吾国始祖，相传为颛顼的后人，在夏朝时受封夏伯，称昆吾氏。在夏朝中晚期，昆吾集团相当强盛，是当时诸侯国十霸之一。昆吾人善于制陶，曾发明陶瓦代替茅草来盖房子，这是中国历史上建筑技术的一大创举。此外，昆吾人在琢玉、冶金和占卜等方面技能高超。

昆吾被成汤所灭后，其部族成员或融入殷商集团，或四处逃散，在整个殷商时代，都没有什么重要活动见于史册记载。直到商朝末年，昆吾人才又活跃起来。公元前11世纪，强大的周部落欲讨伐商纣，取而代之，昆吾人便与周联合起来，共同灭商。

> ▶ 约前1600年

汤修德，诸侯皆归汤，汤遂率兵以伐夏桀。桀走鸣条，遂放而死。桀谓人曰："吾悔不遂杀汤於夏台，使至此。"

——《史记·夏本纪》

鸣条之战

甘于示弱的背后是一张"围猎"的大网，收网时，自然等待的是一场期待中的盛宴。围兽犹斗，不幸的是缺乏足够的勇气和支持，送给围猎者的是成功上位的机会。

时间
约前1600年

地点
鸣条（今山西夏县之西）

参战方
商国及方国联军；夏朝军队

主要指挥官
商汤、伊尹；夏桀

战前准备
商：隆重的誓师大会，强调秉承天意去拯救民众，宣布了严明的战场纪律
夏：仓促应战

结果
商朝建立，夏朝灭亡

夏与商的"拉锯战"

在成汤准备伐夏之前，夏王朝内部因为夏桀的残暴不仁，已经四分五裂，统治阶级之间的矛盾异常激烈。

但俗话说："百足之虫，死而不僵。"自大禹建国四百余年来，夏王一直是天下尊崇的共主，虽然夏桀残暴无道，民间也多有怨恨，但在诸侯中的威信仍在。所以，凡夏桀所命，其他诸侯仍少有不从。面对日渐强大的各诸侯国，夏桀也并非全无防备。在成汤积极准备灭夏之时，夏桀也想着如何控制各诸侯，巩固自己的帝位。

一次，夏桀举行会盟，有缗国的首领竟然未到，反而公开举起反夏大旗。夏桀非常生气，决定先灭掉有缗，再攻伐不安分的商国。于是，夏桀与

商·人面铜钺
1956年出土于山东益都，钺身镂空为一人面纹，粗眉、凸瞳、棱鼻、大口露齿，狰狞可怖。现藏于山东省博物馆。铜钺，由斧发展而来，作为一种古代的兵器，礼仪之用多于实用，是权力和威严的象征之一，商周时君王用它来表示征伐，同时也被视为军事指挥权的象征，是将军率军出征的必需之物。

有缗氏之间爆发了一场战争，结果有缗氏战败，但夏桀也在这场战争中丧失了自己的精锐部队。

夏桀得知成汤在积极征伐韦国，便派使臣入商，召成汤入朝觐见。此时，还不是成汤公然反叛夏桀的时候，于是他没有拒绝，毕恭毕敬地来到夏王都，表达了自己的忠心。结果被囚禁了起来，虽然后来有惊无险地回到商国，但此事在其他诸侯、方国中引起了恐慌。各诸侯都害怕自己会成为下一个成汤，纷纷来投奔成汤，表示愿助商伐夏。

鸣条决战

成汤积聚力量，陆续灭掉了韦、顾、昆吾三国，但并未急于伐夏，而是在伊尹的建议下，决定再试探一下夏桀的威信和实力。于是，他表面上向夏桀称臣，但故意不给夏朝进贡，以观察夏桀的反应。夏桀当然非常生气，立即召集九夷之师共同讨伐商国。

九夷部落一直是支持夏王朝的势力，虽然有的九夷首领对夏桀的剥削压榨也心存不满，但此时听闻夏桀号令，也未有不从，全部带领各自的军队赶到夏王都，准备讨伐成汤。成汤一看夏桀的威信尚在，就谢罪求饶，送了很多贡品。夏桀见成汤认罪态度较好，也不想开战，就让九夷军队都撤了回去。可这一进一退，却让九夷部落的人感觉受了夏桀的戏弄。

商王成汤像

成汤，子姓，名履，又名天乙，河南商丘人。汤是契的第十四代孙，主癸之子，商朝开国君主。商汤领导商部族和其他反抗夏王朝残暴统治的同盟部族，通过战争推翻夏朝统治，重建新的王朝秩序，客观上推动了历史的发展，符合人民的愿望。鸣条之战则是中国军事历史上一篇辉煌的杰作。它是中国古代通过"伐谋""伐交""伐兵""用间"的全面运用，最终达到战争速胜的最早的成功战例，对于后世战争的发展、军事理论的构筑，都产生过相当深远的影响。

第二年，成汤又不向夏桀纳贡，夏桀再召九夷之师前来伐商，九夷部落没再响应号令派兵前来。夏桀的孤立无援让成汤伐夏的时机成熟了。

不久，成汤率领商军及各诸侯联军在景亳（又称北亳，今河南商丘北）誓师，宣告夏桀的罪行，正式兴兵伐夏。夏桀率领王师迎战，但商汤和伊尹率领诸侯联军未正面交手，先来了一个迂回作战，绕到夏王都的西边，突然发动进攻。夏桀狼狈不堪，仓促应战，与商军战于蒲州一带，因为军队疏于训练，人心涣散，很快便溃败，退到鸣条（今山西运城夏县）坚守。

成汤乘胜追击，与夏军对峙于鸣条，将展开一场决一胜负的死战。在大战之前，成汤发布了著名的征战演说，即《汤誓》，表明伐夏的决心，极大地鼓舞了士气。

决战当天，雷声轰鸣，暴雨不断。夏军怯战，商军却不惧雷电，奋勇向前，于是，夏军节节败退。夏桀见大势已去，带着五百残兵向东逃去，逃到了三朡（今山东定陶北）。三朡是夏王朝的一个方国，对夏桀仍然"忠心不二"，见夏桀前来投靠，扬言要保卫夏王，与商汤决一死战。可商汤和伊尹的大军一来，三朡立刻败下阵来，被商军所灭。

夏桀只好再次出逃，向南逃去，逃到了南巢（今安徽巢湖）。他曾对人说："后悔当初没在夏台杀掉汤，才落得如此下场。"不久便病死了。

《徯我后》绘画
徐悲鸿及其弟子所绘，取自《论语》。描写夏桀暴虐，在他的统治下，人民痛苦不堪，商汤带兵去讨伐暴君，老百姓殷切地期待他们来解救。大地干裂了，瘦弱的耕牛啃着树根，人们的眼睛里燃烧着焦灼的期待。

商·兽面纹铜鼓

1977年6月14日出土于湖北崇阳白霓镇大市村汪家嘴,现藏于湖北省博物馆。此铜鼓整体由鼓冠、鼓身、鼓足三部分组成,鼓冠做成马鞍形,中间有一圆孔可供悬挂时穿绳索用;鼓身为现代腰鼓形,横置,能左右敲击;鼓足是正立方体形,中空,与鼓腹相通。除鼓面外,通体饰以云雷纹为主组成的饕餮纹和乳钉纹。造型奇伟,纹饰繁缛古雅,是中国青铜时代的珍贵文物,另有一只现流散在海外。

商·青铜提梁卣

1954年出土于湖北武汉黄陂盘龙城商代遗址李家嘴1号墓,现藏于湖北省博物馆。盛酒器,子母口,竖颈,扁圆腹,高圈足。器两侧附绳索纹提梁,两端錾作半环形。器盖和器身饰雷纹、弦纹和兽面纹,盖顶中央有活环钮。卣是一种酒器,专用来盛放祭祀时使用的一种香酒,盛行于商代和西周时期。

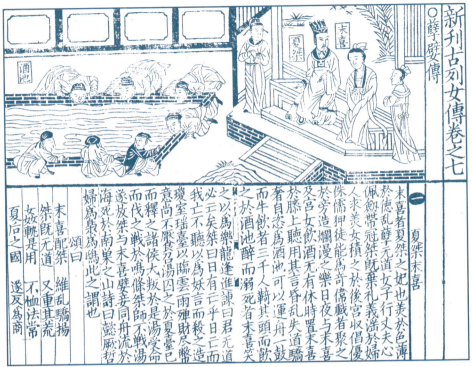

《古列女传孽嬖传》夏桀与妹喜在酒池旁
酒池大得足以容纳一艘船，三千人俯身喝酒，直到醉倒在酒池中溺毙，妹喜笑而以之为乐。

成汤为了消灭夏王朝的残余势力，又和伊尹率大军西进，击败了夏的三个属国，最终攻占了夏朝的王都。

建立商朝

商军进入夏朝王都，夏朝的王族大臣们纷纷表示臣服于成汤。为了安抚百姓，成汤又举行了祭天仪式，表明自己是按照上天的意志来诛伐有罪的夏桀的。之后，又经过三千诸侯大会，成汤凭借精良的军队，雄厚的经济实力和人心所向的美誉，被推举为天子，定国号为"商"，定国都于亳，正式建立商朝，成汤因此也被称为商汤。他将夏禹所铸的九鼎迁到亳都，象征掌握了执掌天下的权力。从此，商朝代替夏朝，成为中国历史上第二个奴隶制王朝。

成汤不愿做下一个夏桀，他以史为鉴，吸取夏朝灭亡的经验教训，又发表了一次著名的演讲，有人记录下来，名为《汤诰》。他在这次演讲中要求其下属官员"有功于民，勤力乃事"，就是说要官员对人民负责，要勤于自己的政务，否则就会大加责罚。

成汤并没有对亡国的夏民赶尽杀绝，而是保留"夏社"，还给了他们封地。成汤以宽治民的措施得到了各部人民的拥护，政权稳定，矛盾缓和，人民安居乐业，国力不断强盛，为此后商王朝绵延数百年奠定了坚实的基础。

前17世纪

汤之于伊尹，学焉而后臣之，故不劳而王。

——《孟子·公孙丑下》

"五朝元老" 伊尹

横竖不过是一场联姻换来的厨子，没承想却成为助力改朝换代的智谋之臣，名留青史的治国贤相。慧眼识珠的名君，换来了一代名相的鞠躬尽瘁，君臣肝胆相照传佳话。

主角
伊尹

角色
政治家、军事家、思想家

神奇出生
母化空桑，生于其中

特长
厨艺与治国
主要事迹：辅佐成汤建商灭夏，施教太甲

主要作品
《汝鸠》《伊训》

后世尊称
商元圣、厨圣

出生传说

伊尹，名挚，又称阿衡，历经五朝，辅助了商朝四代天子，是中国历史上有史书记载的第一位名臣。

关于伊尹的出生，还有一个传说。据说他的母亲是一名采桑养蚕的奴隶，生活在伊水附近。母亲生他之前，做了一个奇怪的梦，梦中出现一位神人，神人对她说："如果臼内有水涌出，赶快向东边跑，千万不要回头。"

第二天醒来，她还记得昨晚的梦，但并未放在心上。后来发现臼内真的有水涌出，这位

伊尹像
伊尹是中国商朝初年著名丞相、政治家、思想家，已知最早的道家人物之一。他是中华厨祖，中原菜系创始人。约公元前16世纪初，他辅助商汤灭夏朝，为商朝建立立下汗马功劳。他任丞相期间，整顿吏治，洞察民情，使商朝初年经济比较繁荣，政治比较清明，商朝国力迅速强盛。伊尹死于第5位商王沃丁时，沃丁以天子礼葬之。在商朝，伊尹受到诸王隆重的祭祀，殷墟甲骨文中就有祭祀伊尹的卜辞，可见他的地位之高。

采桑女非常吃惊，想起昨晚的梦，立马通知村里的人，和大家一起向东逃出了20多里。当众人将信将疑地逃离这里后，采桑女忍不住回头看了一眼，结果身后早已是一片汪洋，原来的村落都被淹没了。

商·海贝和铜贝
1971年山西保德县出土。在商代，贝已经发展成一种用于交换的货币。为了系带方便，一般都在贝的背部凿磨一个穿孔。当时铜贝为主要流通货币，海贝则是作为装饰品和殉葬品使用的。

这位善良的采桑女因为违背了神人的告诫，整个人变成了一棵空心的桑树。这时，刚好有一个有莘氏部落的女子路过，她发现桑树的大树洞里有个婴儿在啼哭。她觉得这个孩子很可怜，便把他抱出来，带回去献给了自己部落的国君。

有莘国君觉得这个孩子很可爱，来历又颇为奇特，就给他取名挚，交给家里的奴隶厨师抚养。伊尹因为依着伊水而生，故姓伊。

好祀的商代

殷商时代万物崇拜依旧盛行，大自然的各方面都有自己的神祇。商人问卜的对象有三大类，即天神、地祇、人鬼，在这三类之中，权威最大的即是"帝"。"帝"是商人心中最大的神，地位最高、权力最大，主宰着社会秩序。人世君王统治百姓，自然界"帝"统治自然神祇，但"帝"是一切万物的主宰，人间君王都要依靠这种能力和权威。

因此，在商人的日常生活中，凡事莫不祷于"帝"。"帝"所具有的能力主要有三种，一是控制自然气候，这与农业生产的丰歉密切相关；二是主宰人世间的祸福奖惩，这与个人的欲望和愿望密切相关；三是决定战争的胜负和政权的兴衰，这与国家的兴旺密切相关。因此，"帝若"还是"帝不若"对于商王来说太重要了，这样也就容易理解商人的"好祀"和"重祀"之风了。

厨子为相

伊挚从小就聪慧过人，勤奋上进。他跟着养父学会了烹调之术，做出的食物美味无比，受到有莘氏部落上下的称赞。更难得的是，他不仅厨艺无双，还爱研究尧舜的治国之道。他将烹调技术运用到政治之中，自创出"以鼎调羹""调和五味"这些治国理论，就好比老子所说的"治大国若烹小鲜"。

伊挚成年之后，虽然身份仍是奴隶，但已成为有莘国君家族的一分子，负责教导贵族子弟，相当于家庭教师或保育员，据说他是中国第一个有史记载的教师。渐渐地，伊挚的厨艺和治国才能名传四方，后来传到成汤耳中，成汤胸怀大志，急需这样能辅佐自己的治国贤才，于是他派人带着财物来到有莘部落，希望能将伊挚招至麾下。

商·青铜杓
商时用它从盛酒器中取酒，注入饮酒或温酒器中。

但是，有莘国君也很喜欢伊挚的厨艺和才能，当然不愿拱手送给他人，便婉言谢绝了成汤的请求。成汤很不甘心，思来想去，决定与有莘氏联姻。于是，他再派人到有莘氏，请求娶有莘国君的女儿为妃，附带条件是让伊挚作为陪嫁。

当时，商国已是各诸侯、方国中的翘楚，与这样的大国联姻，有莘国君当然很乐意。于是，他爽快地答应了这门亲事。就这样，成汤终于如愿

商时的青铜酒器分类

名称	分类	流行时间
爵（jué）	饮酒器，地位的象征	始见于夏代，盛行于商代中后期，西周后渐废
角（jiǎo）	饮酒器，爵之变体	最早见于夏代，流行于商末周初，其后少见
觚（gū）	饮酒器	始于商代并流行于商代，西周后较少见
斝（jiǎ）	盛酒器，兼可温酒	盛行于商代，西周早期之后消失
尊（zūn）	大中型容酒器	盛行于商代、西周，沿用至战国
壶（hú）	盛酒器，亦可盛水	始于商，沿用至战国
卣（yǒu）	盛酒器	始于商晚期，沿用至西周早期
罍（léi）	盛酒器	始于商末，沿用至春秋中期
瓿（bù）	小瓮，盛酒之用	存在于商中期至战国
盉（hé）	盛水以调和酒的浓淡	始见于夏代，盛行于西周，沿用至春秋

 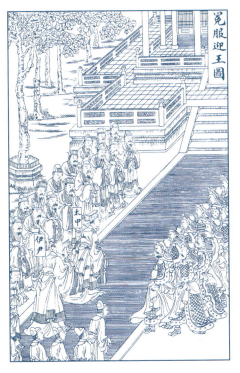

桐宫思训图与冕服迎王图

出自《钦定书经图说》清光绪三十一年（1905年）内府石印本。讲述太甲即位后，不遵汤法，暴虐乱德。伊尹将他放之于桐宫，自己摄政当国。太甲在桐宫三年，悔过自责。三年后，伊尹见太甲真心悔过，十分高兴，便带领文武大臣，携带王服、冠冕，迎接他回到亳都，还政于他。

以偿，作为奴隶的伊挚以陪嫁的身份来到了他身边。

伊挚来到商以后，给成汤讲授了尧舜的治国之道，让他以德治天下，还建议他讨伐夏桀，推翻暴政。成汤深信伊挚是一位治国安邦的贤才，于是毫不犹豫地除去了他的奴隶身份，破格升任他为"尹"，即相的地位。从此，伊尹之名渐渐地广为人知。

助汤得天下

伊尹得到成汤的重用后，开始为他积极谋划，争夺天下。成汤若想伐夏，必须先了解夏王朝的底细，所以情报工作也是相当重要的。伊尹为搜集情报，便去夏王都做了卧底。

当时，夏桀征服了有缗氏，有缗氏献上两名美女，得到夏桀的宠幸。夏桀的元妃妹喜因此遭到冷落，心生不满。伊尹借这个时机，用各种财宝结交妹喜，得到妹喜的信任，进而从她那里得到许多有关夏桀的情报。据说，妹喜再次回到夏桀身边，取悦夏桀，便是为了给伊尹获取情报。

为了夺得天下，伊尹为成汤规划了详细的作战计划与部署。他对成汤说："夏自建国以来，历经四百余年，夏桀虽暴虐无道，但仍是天下尊崇的共主，威信尚在，故不能操之过急，需等待时机。"所以，他建议成汤先消灭拥护夏王朝的势力，不断积蓄力量，等待时机给夏桀致命一击。

成汤正是接受了伊尹的建议，先出兵征伐韦、顾、昆吾三国，后又故意不给夏桀纳贡，试探夏桀的实力，导致夏桀失去九夷部落的支持。在与夏桀作战中，伊尹也一直追随在成汤左右，为每场战役出谋划策。成汤能一举消灭夏桀，建立商朝，伊尹功不可没。

商朝建立后，伊尹又帮助汤建立各种典章制度，约束官吏，稳定政局，并恢复经济发展，使商朝逐渐繁荣起来。

放逐太甲

后来，商汤驾崩，因其长子太丁早逝，按照兄终弟及制，由太丁的弟弟外丙、仲壬继任商王。伊尹继续辅佐外丙和仲壬两位君王，可外丙和仲壬继位不久，便都死去。伊尹只好立太丁长子太甲为王。

商朝初建，便连丧三王，朝中政治动荡，伊尹把全部希望寄托在了太甲身上。可这太甲不理政事，昏庸暴虐。伊尹无数次规劝，太甲完全听不进去。为了商朝的未来，也为了能教育太甲，伊尹以国相身份，果断做出决定：在商汤墓旁建了一所桐宫，把太甲送到桐宫内反省。这相当于将太甲放逐，让其去守墓。

桐宫之内，除了守墓人，任何人都不得入内。太甲在这样人迹罕至的地方，凭吊祖父，思及祖父的建国事迹，心中不禁有感，渐渐觉察到了自己的错误。读着伊尹为他写的《伊训》中的告诫、《肆命》中的为政之道、《徂后》中的法律制度，太甲渐渐对治国之道也有了更新的认识。

在桐宫的日子里，太甲日日思忖，最终迷途知返，逐渐心忧天下，具备了一个好君王的素质。三年后，伊尹见太甲已悔过自新，目的已经达到，于是亲自去桐宫把他接了回来，恢复了他的王位。太甲再次即位，勤于政事，以德治国，商朝进入稳定发展时期。

伊尹很长寿，他去世时是太甲之子沃丁当政。沃丁以天子之礼厚葬伊尹，表示不忘他辅佐商朝数代君王的功绩。

商·青铜戣
援部较宽，呈等腰三角形，古代戟一类的兵器，属于戈的变形兵器，商周时期流行于四川等西部地区。

商·鸟形盖爵

商朝的一种饮酒器。鸟首形盖,宽流,尖尾,深腹,三棱锥足。腹饰变形兽面纹,并有龙首鋬。造型奇特,制作精良,传量极少。鸟盖爵是驱邪禳灾、纳福迎祥的祥瑞象征。

前14世纪

契始封商,其后裔盘庚迁殷,殷在邺南,遂为天下号。契是殷家始祖,故言殷契。

——《史记·殷本纪》

盘庚迁都

王室争斗,水患侵扰,令一个王朝在近百年内变成了"流浪汉",不得不一次又一次搬家。第二十代王盘庚继位后,为巩固王权,也走上了迁都的老路。但这一次,却影响深远。

起因
水患频发,内乱不止

发起者
盘庚

反对者
奴隶主贵族和平民百姓

采取手段
举出"天命"和"先王"两面大旗,利诱与恫吓并行

结果
商族定居,政局稳定,诸侯来朝

九世之乱,国都频迁

自成汤建立商朝之后,一直遵循的是父死子继、兄终弟及相结合的王位继承制度。既然王位遵循兄终弟及,那最小的一个兄弟死后,王位是传给他的儿子还是传给长兄的儿子呢?正因为如此,在太甲之后,王室内部对于王位的争夺愈演愈烈。国家也因王位的争夺而变得混乱不堪,出现了历史上记载的"九世之乱"。

九世之乱是指自商王中丁之后,连续发生王位争夺,十数次迁都,导致王朝衰败、诸侯叛离的乱世。这一时期,商朝历经九代君主,即中丁、外壬、河亶甲、祖乙、祖辛、沃甲、祖丁、南庚、阳甲,争斗延续了近百年,严重削弱了商王朝的统治。

中丁是商王太戊的儿子,他在位时便进行了第一次迁都,将商朝首都从亳迁到了嚣(河南郑州西北)。中丁死后,他的兄弟们凭借个人势力相互攻伐,最后弟弟外壬夺得王位。外壬在位时,商朝已

商·玉梳
玉梳在中国具有悠久的历史,可以追溯到遥远的新石器时代,商周时期就已经很注意玉梳造型的美观。此玉梳质地温润,装饰有商时常见的兽面纹,雕刻精美,质朴大方,应是贵族之物。

出现衰败迹象,有其他部落开始公开反叛。外壬死后,另一个弟弟河亶甲继位,他多次对外征战,使商朝国力再度衰弱,并将国都迁到了相(今河南内黄县境内)。河亶甲之后,他的儿子祖乙继位,祖乙重用贤臣,使商朝出现短暂中兴的局面,他在位期间,也因战乱和水患两次迁都。祖乙死后,又现王室争斗,到王位传到南庚手上时,南庚将国都迁到了奄(今山东曲阜)。等南庚的侄子阳甲继位时,因为王位的争夺和多次迁都,商朝已经衰落不堪。

商·季隐灵德盉
盉为古代一种盛酒器,也有说是古人调和酒、水的器具。盉从商代至战国都有,尤其盛行于商和西周。此盉深腹、圆口、有盖,前有流、后有鋬,下有四足,盖和盉之间有链相连接。盉腹内刻"季隐灵德"字样。

盘庚继位,决意迁都

阳甲死后,他的弟弟盘庚继位。盘庚本名旬,是商汤的第九代孙、商朝的第二十代王。在阳甲去世后,他通过激烈的武力争斗才登上王位,深知王位争夺给王朝带来的危害。盘庚善于审时度势,为了挽救濒临崩溃的商王朝,他决意再次迁都,来缓和内外的诸多矛盾,巩固政权。他认为,扭转国势的最佳出路就是将国都从奄迁到殷(今河南安阳)。

殷这个地方地处太行山西面,地势西高东低,有一片土地肥沃的平原。这里不仅适合农业生产,还可避免遭受水患侵扰。更重要的是,迁都到殷后,百废待兴,王室和贵族失去了原有的环境,势力会受到压制,统治阶级内部的矛盾能得到缓和。此外,迁都还可以避开那些反叛的势力,减少王都的威胁,使王权更加稳固。

基于以上原因,盘庚决定迁都。但是,这个决定的实施并不容易,要面对的是举国上下的反对。奴隶主贵族们大多在当时的奄经营自己的势力多年,一旦迁都,利益必定受损。百姓们多次经历迁都之苦,也不愿再次抛家舍业,背井离乡。为了反对迁都,一部分有势力的贵族还煽动民众闹事,试图阻止盘庚迁都。

但盘庚仔细考虑了迁都的益处,为了巩固自己的统治,他并不打算让步。盘庚先安抚民众,许以承诺,再把王室贵族们都召集起来,一一劝说,分析迁都的利弊。他是位天才演说家,在劝说时晓之以理,动之以情,言明迁都的理由和益处。时而还会用严刑峻法威胁这些贵族,或用先王们的神灵恫吓他们。

《尚书·盘庚》中记录了盘庚的这次精彩训话。第一篇是劝告,他说:"我决定迁都是为了继承先王的基业,以平定四方,安定天下……我会像先王那样爱护你们,保护你们,带你们寻找安居乐业的地方。如果你们不与我同心,先王的在天之灵便会惩罚你们,降下不祥……"第二篇是威胁,用王者的姿态警告大家若不服从迁都的命令,必将受到严厉的制裁。他甚至说:"我要将你们都杀掉,灭绝掉,不让你们恶劣的种子遗留在这个地方。"最后,他号召民众说:"去吧,去寻求安乐的生活吧,我要把你们都迁徙过去,在那里,永远安定你们的家。"

在演说中,盘庚竖起"先王"和"天命"两面大旗,既争取了民心,又威吓了诸贵族。最终竟无人再敢公然反对迁都。

迁址新都,定下基业

迁都之行终于顺利地完成了,商朝的国都定在了殷。

可迁都之后,问题又来了。百姓们初次来到一个新的地方,一切都要从头来过,诸多方面不适应,于是怨声四起,有的甚至要求回迁。贵族们为了自己的利益也趁机作乱,煽动百姓。盘庚即时又发表了一通讲话,用强硬的态度告诉贵族们,闹事者必遭严惩。他告诫贵族们不要只贪图享乐,谋取私利,而要为国家、百姓着想,与民同心,治理好这个国家。在盘庚的坚持下,事态开始缓和,慢慢地人们开始接受现实,新的

商·青铜出戟觚(局部)
觚是中国古代一种用于饮酒的容器,也用作礼器。圈足,敞口,长身,口部和底部都呈现喇叭状。觚初现于二里岗文化,到西周中期已十分罕见。盛行于商代和西周早期。

都城也逐渐迎来了安定的局面。

商朝的都城在盘庚迁都之后终于固定下来。盘庚在殷大力发展经济和文化，由此带来了政治上的稳定，出现了"百姓由宁，殷道复兴，诸侯来朝"的局面。殷都逐渐被建造成一个繁华的都市，衰落的商朝也得到了复兴。之后，又经过"武丁中兴"，商朝各方面得到巨大的发展，达到了一个鼎盛的局面。在当时，可以说殷都成为世界上最大、最繁荣的都城之一，所以商朝又被后世称作殷商。

○ 双虎食人头纹

后母戊鼎
1939年3月出土于河南安阳，是商王祖庚或祖甲为祭祀其母戊所制，是商周时期青铜文化的代表作，现藏于中国国家博物馆。经研究考证，鼎腹内壁铭文"后母戊"是商王武丁的后妃妇妌的庙号。后母戊鼎是用陶范法铸造而成的，是迄今世界上出土最大、最重的青铜礼器，享有"镇国之宝"的美誉。

殷墟遗址

殷墟是商王朝后期的王都所在地，是中国历史上第一个有文献可考并为考古学和甲骨文所证实的都城遗址。遗址在今河南省安阳市西北，以小屯村为中心。19世纪末，小屯村的村民在当地挖出了甲骨，上面有文字，后经学者研究确定为商王朝占卜用的刻辞，即甲骨文，驰名中外的殷墟遗址就这样被发现了。自1928年第一次发掘以来，殷墟出土了大量的都城建筑遗址和以甲骨文、青铜器为代表的丰富文化遗产。经过挖掘证实，小屯村就是当时的王宫所在地，到目前为止，已发掘出包括大型宫殿和宗庙基址在内的70多处版筑房基。在小屯村发现有王陵，附近亦有古代村民遗址和墓地，还有规模较大的铸铜和制骨作坊遗址。殷墟总面积约24平方千米，所出土的数以万计的甲骨文、青铜器、玉、石、角、陶等遗物，均是研究商代历史的最珍贵的实物资料。

> 约前13世纪

武丁修政行德,天下咸欢,殷道复兴。

——《史记·殷本纪》

武丁中兴

因登上王位的方式不合祖制,这位心怀"成汤之志"的君主,在众臣不解的眼光和言论中整整沉默了三年。待他开口之时,用贤才,赏胜将,征战各方国,联姻各诸侯,成就了商王朝的中兴鼎盛。

主角
武丁

角色
商朝第23任君主

上位方式
违背祖制,父死子立

惊人之举
即位后三年不语

最励志故事
罪人为相

主要政绩
复兴商朝,开创盛世

违背祖制立武丁

盘庚死后,其弟小辛继立,小辛死后,传帝位于弟弟小乙。武丁是小乙的儿子,盘庚的侄子,他执掌王位五十余年,是商王朝鼎盛的时期。这跟他日夜思忖如何振兴国家不无关系,后来得到良臣傅说辅佐,更是如虎添翼。

自从盘庚迁都以后,内部的王权斗争暂时得以解决,统治较为稳固,经济得到迅猛发展,为商朝中兴提供了必要的前提条件。

武丁上位后,衣食朴素,唯贤是举,因此国势强盛,政治清明,百姓富庶,史书上将这段时期称为"武丁中兴"。

殷商后期的两代商君小辛和小乙,一个多病早亡,一位治国无方,商王朝的统治一度衰微,但小乙在选择继承人方面做了惊人的决断。按照商人的祖制,小乙去世后该由他的长兄盘庚的儿子

刻有占卜内容甲骨文的龟甲
甲骨文是中国最古老的一种成熟文字,最早出土于河南省安阳市殷墟,属于上古汉语。内容记录和反映了商朝的政治、经济情况,大部分是殷商王室占卜的记录,大到作战、祭祀,小到病痛、天气,记录下来的是占卜所问之事或者是所得结果。此为商王武丁占卜用的龟腹甲。

继位，但他通过观察，发现自己的儿子武丁不仅聪明过人，而且抱负远大，如果善加培养，以后一定是一位明君。他违背了祖制，把自己的儿子武丁立为太子。

深入民间

在如何培养武丁成为一代明君上，小乙着实下了一番功夫。在武丁还年少时，小乙便让他离开王宫，深入民间，与普通民众一起劳动，同吃同睡。

武丁也明白父亲的良苦用心，毫无怨言地离开了王宫。他隐匿自己的身份，沿着黄河四处游历。他穿着平民的衣服，吃着简单的饭食，住着简陋的房子。有时候还和百姓们一起劳动，从百姓们口中了解他们对朝廷的看法。

这些经历不但锻炼了武丁，让他深知民间疾苦，也让他接触到了民间的一些人才。寻访人才也是他这次出行的一大目的。武丁在劳动中，一直不忘寻访德才兼备的高人。后来，在他所寻访的人才中，最为出名的有两位，一位是贤人甘盘，他奉为老师；还有一位是犯人傅说，最后傅说被武丁举为宰相。由此可见，武丁的用人之道不拘一格。后来，在这两位贤才以及其他大臣的辅佐之下，他开创了"武丁盛世"。

关于傅说的来历，还有一个故事。传说武丁梦见一个圣人，跟他讲了很多治国的道理，醒来后视群臣百吏皆不是，于是把梦里人的画像刻在木板上

《帝王道统万年图册》之商高宗武丁

明代仇英所绘，现藏于中国台北"故宫博物院"。武丁在位时期，勤于政事，任用刑徒出身的傅说及甘盘、祖己等贤能之人辅政，励精图治，使商朝政治、经济、军事、文化得到空前发展，史称"武丁盛世"。前1192年，武丁去世，庙号高宗，死后由其子祖庚继位。

派人去找，最终在一堆罚做苦力的奴隶罪人中找到了傅说。武丁见后大喜，谈后更是高兴，就任命傅说为相。

三年不语

商王小乙在位第十年驾崩，武丁成为商朝第二十三任国君。他一即位，行为竟变得异常起来：三年没有说一句话。

按照商代的传统，前任国君离世，继任者必须守丧三年，才能正式继

少年中国史

商·方鼎

方鼎是一种两耳四足的方形饪食器,商周时流行并多用作祭器。该鼎立耳、方唇、折沿、深腹、柱足,口沿下装饰回纹衬地的浮雕饕餮纹,口略大于底,柱足粗壮,足上部刻饕餮纹,鼎四角及腹部皆饰扉棱。整体造型匀称,纹饰精美。鼎内刻字。

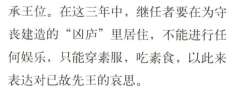

承王位。在这三年中,继任者要在为守丧建造的"凶庐"里居住,不能进行任何娱乐,只能穿素服,吃素食,以此来表达对已故先王的哀思。

但是,武丁在守丧期间,却将祖制遵守得更为彻底,他不仅把政事交给冢宰打理,还按照守丧的礼节约束自己,在长达三年的时间里,竟没有说一句话,整日板着面孔。大臣们看着这位君主不说一言,非常诧异,一开始以

为他是因丧父过于悲痛。可时间一久,武丁依然不说一句话,大臣们禁不住私下议论,这位君王到底是想做什么。每个人都提心吊胆,猜不准武丁的心思。

武丁之所以这样,是因为他的继位不合祖制,违反了兄终弟及的继任传统。他一方面得消解诸伯、兄弟的不满,一方面得树立自己的威信。三年中,武丁虽然不发一语,但却在暗中观察整个国家的风气,寻觅能辅佐自己的人才。

治国有道,臣服四方

武丁开始治理国家,发誓一定要做一个像成汤那样的贤王。他体察过民间疾苦,了解百姓的需求。他大力发展经济,提高社会生产力,减轻人民赋税。他广招人才,虚心听取他们的建言,惩治腐败。他还削减祭祀活动的开支,以自己作为表率,使朝廷上下一片清明。

武丁在位期间,不断征战四方。他开疆拓土、四方征伐,让商朝的疆域得到了极大的扩展。他对北面的鬼方、羌方、周族的征伐,让北方疆域直抵河套;对南面的虎方的征伐使南方疆域到达江淮;对东面夷方的征讨使东方疆域到达山东半岛东北部;还有一些对小方国的征伐使西方疆土直

商·大兽御尊

1965年湖北省武汉市汉南区纱帽山出土,现藏于湖北省博物馆。喇叭形口,器身从上至下起四条侈出口沿的扉棱,上满饰纹饰,云雷纹衬底,自上而下依次为:蕉叶纹、夔纹、饕餮纹,圈足内刻铭文"大(天)兽御"。尊是祭祀时接待宾客所用的,按周礼,有六种不同的尊,分别接待身份不同的宾客以表示主人的敬意。尊也由此演化出"尊敬、高贵"之意。

商·白陶几何纹双系罍

罍直口,圆唇,短颈,溜肩,肩部两侧饰对称牛头耳,深腹,腹以下渐收,腹部下方饰对称牛头,平底。肩部刻夔龙纹,腹部通体雕刻纹饰,几何纹和云雷纹交替使用,变化极有规律,显得格外庄重精美。白陶早在新石器时代晚期就已出现。至商代,由于烧成温度提高,原料的淘洗亦较精细,使白陶的质地更加洁白细腻。现藏于美国弗利尔美术馆。

武丁时期征伐的强大方国

地区	征伐方国
西方	羌方为其劲敌，大体分布于今青海的东南部、内蒙古西南部、甘肃大部、四川的北部和山西的西北部。商卜辞中记载的出兵最多（数十万人）的一次战斗就发生在此
	舌（shé）方，武丁亲征外，又屡次令多臣、来、垄氏等诸侯国征伐，直到武丁晚年才将舌方擒获。兵力少则三千，多则五千
西北方	鬼方，分布于今甘肃南部、宁夏、陕西西北部一带，武丁用兵三年征服之
北方	土方，分布于今山西、陕西一直到内蒙古以北地区。据商甲骨文记载，土方是与商朝发生关系最多、战争最频繁的一个民族。当时所用兵力，多在三千或五千
东方	夷方（应在山东境内，东夷的一支）、龙方（可能在山东泰山东南部，应该是东夷的一支）等，皆取得了胜利，令其臣服
南方	虎方，居于今安徽寿县东南一带，武丁也派兵征服过
	荆楚之地，《诗经·商颂·殷武》中提到过

抵周境。在当时，商王朝疆域之广，实力之强，可以说是世界上仅有的两三个超级帝国之一。

对有功之臣，武丁也赏赐有道。夺得的新的领土，有的武丁直接封赏给出征的大将，比如象雀被封为"雀侯"；有的则直接封赏给愿意臣服的方国首领，比如犬侯、祝伯等。据甲骨文记载，被封的侯伯加起来就有近百人，可见被商国征服的方国何其众多。方国对商朝不仅有上贡的义务，还经常奉命出征，比如仓侯虎曾奉命讨伐免方，侯告奉命征战伐夷方。

对于方国氏族，武丁除了征伐使之臣服，也通过联姻巩固关系。或者娶诸侯之女为妃，或者把王室女子嫁给侯伯。这些手段加强了国与国的联络，巩固了商王朝的统治。

武丁手下大将人才辈出，诸如禽、望乘、雀和亘等都是出名的将才。其实武丁本人也是一名出色的统帅，常亲自带兵出战。他不畏强敌，四方征伐，终于建立伟业。

商·青铜俎

俎是古代割肉所用的砧板，多为木制，少有铜铸，长方形，两头有足。后为祭祀礼器的一种，其使用介于镬鼎、升鼎和豆之间，是承载、切割肉食的器具，而且一般应是每鼎配一俎。古代祭祀是"国之大事"，"俎，祭宗庙之器"，《左传》上说："鸟兽之肉不登于俎。"俎是专门载家畜的礼器，是不允许放"鸟兽之肉"的。

> 少年中国史

▶ 约前13世纪

武丁夜梦得圣人,名曰说。以梦所见视群臣百吏,皆非也。于是乃使百工营求之野,得说于傅险中。

——《史记·殷本纪》

一代名相傅说

是金子总会发光的。一个连姓氏都没有的奴隶,原本不过是犯了错的罪人,却因一个传奇的托梦之机缘,得到了国君的青睐,君臣携手续写了商朝又一个佳话。

主角
傅说

角色
政治家、军事家、建筑学家

传奇人生
从奴隶到丞相

出场方式
入梦讲道

代表作品
《说命》

主要成就
发明版筑(筑土墙)技术,助武丁实现中兴局面

傅说,原本是一名囚犯,没有姓氏,只有名说。后来得到商王武丁重用,封为宰相。因以前在傅岩(今山西平陆东)筑路,所以以傅为姓。

傅说在从政之前,只是一名奴隶。他祖上原本是平民,可后来因为得罪了权贵,全家被降为奴隶。长大之后,傅说一直做苦力,后来又到傅岩修筑被流水冲坏的道路。那时候,因为雨水过多,到处发生水灾,从海边通往中原内地的盐道常常会被洪水冲断。于是,商王便从四方征调奴隶前去修路,以保证盐路畅通,傅说便是被征调到傅岩的奴隶之一。

傅说虽为奴隶,但天资聪颖,勤学好问,对国家大事颇有见解。他还善于动脑

傅说像
傅氏始祖,古虞国(今山西平陆)人,生卒年不详,殷商时期著名贤臣,先秦史传为商王武丁丞相,为"三公"之一。典籍记载傅说本为胥靡(囚犯),本无姓,名说,在傅岩(一作傅险)筑城。武丁求贤臣良佐,梦得圣人,醒来后将梦中的圣人画影图形,派人寻找,最终在傅岩找到傅说,举以为相,国乃大治,遂以傅为姓,形成了历史上有名的"武丁中兴"的辉煌盛世。

筋，发明了版筑技术，大大地提高了工作效率，减轻了奴隶们的工作量，受到了奴隶们的拥戴。在建筑上的成就，令傅说名声大震，也给他的命运带来了转折。

关于傅说，除了"武丁梦圣"说，还有另外一种说法，说是以平民身份在外游历的武丁在一个建筑工地上遇到了傅说，两个人非常投缘，一起劳动，一起聊天。后来，武丁即位后就设法找到傅说，并任他为相，辅佐自己治理天下。

傅说担任宰相之后，大刀阔斧整饬朝纲，表现了卓越的治国才能，并留下了千古不朽的《说命》三篇，其中"非知之艰，行之惟艰"名句，为中国最早的朴素唯物主义史观。他曾对社会劳动者进行了划分，允许一部分人专门从事文学创作和工艺制作等。

傅说为相时，青铜冶炼技术也得到了飞速发展。举世闻名的"后母戊大方鼎"就是在这时铸造的。它代表着中国古人的超凡智慧，是华夏文明的重要标志。青铜器制造业的繁荣，生产工具的改进，也推动了生产力的发展和社会文明的进步。

傅说为相50余年，一生的聪明才智都贡献给了商朝。在他的用心经营之下，朝野内外秩序井然，国家恢复生机，一派欣欣向荣，出现了"武丁中兴"的局面。在他做宰相期间，商

商·龙饰件

龙在商朝形成的一个突出标志是有了角，商人认为有角的龙更有沟通天地的神性。

王朝的疆域面积也达到最大，南到长江流域，北到燕山，西到陕西，东达海滨，成为当时最大的奴隶制国家。

◆ **傅说星的由来** ◆

据说因为傅说一生为商朝效力，辅佐武丁振兴了王朝，惠及人民，其功甚伟，他过世之后升了天，得道成神，变成了一颗星星，就是"傅说星"。传说在中国古代的诸多杰出人物中，去世之后能升天变成星辰的只有两人，一位便是傅说，另一位是王良。《黄帝占》这本书中说，傅说星是王后及后妃们常常祭祀祝祷的星辰，她们向傅说星祷告，祈求诸事顺利，子孙繁茂。如果一旦傅说星变暗或者不见，后宫中人便会生病，子嗣也会遭遇凶险，重者可能死亡。

约前12世纪

辛巳卜，争贞：今者王共人呼妇好伐土方。

——《卜辞》

杰出统帅妇好

文能占卜百事，武能统率千军，不恃王后之尊，不以军功傲物，这位中国历史上第一位传奇的女将军精彩出世，不但赢得了丈夫的敬重，还化身成了武丁朝出征之前必祭的战神。

主角
妇好

角色
武丁王后、军事统帅、占卜师

传奇载体
甲骨文献

死亡之谜
难产说，战伤复发说

举世所知
殷墟妇好墓

妇好姓好，嫁给武丁成为王后，武丁赏赐给她封地和人口，得到了"好"的氏名，被尊称为"妇好"。

从出土的甲骨文献上可以看出，妇好不仅是一名杰出的政治家，更是一位能征善战的军事统帅，在国内还主持武丁朝的各种祭祀活动。

武丁对这位爱妻十分喜欢，甲骨文上发现的很多占卜信息都与她有关，而且在妇好三十余岁不幸去世后，武丁将她下葬在自己处理军政大事的宫室旁边，陪葬丰厚。每有战事，武丁必率子孙大臣隆重地礼祭妇好，甚至为了让她在九泉之下过得安好，还多次为她主持冥婚。

妇好武艺超人，力大过人。现在出土的大量甲骨卜辞表明，在武丁对周边方国、部族的一系列战争中，妇好多次受命代商王征集兵员，屡任军将征战沙场，协助武丁南征

妇好像
妇好，商朝君主武丁的妻子，中国历史上有据可查（甲骨文）的第一位女性军事统帅，同时也是一位杰出的女政治家。武丁十分喜欢她，去世后被追谥曰"辛"，商朝的后人们尊称她为"母辛""后母辛"。

商·象牙觥杯

1976年出土于河南省安阳市殷墟妇好墓,现藏于中国社会科学院考古研究所。象牙制酒器,流口微侈,鋬手上为饕餮形,下为走虎状,浮雕于云雷纹之上,通体满饰饕餮纹、夔纹和鸟纹,雕刻精细,装饰繁复,异常精美,是极为罕见、闻名世界的象牙珍品。此类杯出土时一共有三件,另外两件上还装饰有绿松石。

商·跽坐猴脸玉人

1976年出土于河南安阳小屯村殷墟妇好墓,现藏于中国社会科学院考古研究所。青玉质,圆雕,猴面,"臣"子目,双手抚膝跽坐,齐眉短发。身着云纹衣,长袖及腕,衣及足踝,袖口较窄。古时跽坐是人们常见的生活礼仪和方式,此类玉人身份一般都很高贵,具有一定的社会地位。

北战，建立丰功伟业。她曾统兵1.3万人攻羌方，俘获大量羌人，成为武丁时期一次征战率兵最多的军事统帅；参加并指挥对土方、巴方、夷方等重大作战。在对巴方的作战中，她率军布阵设伏，待武丁击溃敌军将其驱入伏地时予以歼灭，这是中国战争史上记载最早的伏击战。

1976年，殷墟唯一保存完整的商朝王室墓葬妇好墓被发掘，一共出土青铜器、玉器、宝石器、象牙器等不同质地的随葬品1900多件，在刻有铭文的近200件青铜器中带"妇好"铭文的就有上百件，其中的两件大铜钺最为引人注目，每件重达八九千克，学者根据甲骨文判定它们曾是妇好生前使用过的武器。

商后期·妇好长方扁足鼎
1976年河南安阳殷墟妇好墓出土，现藏于中国社会科学院考古研究所。通体以云雷纹为地纹，饰夔龙纹，腹外壁四面及角均出扉棱，工艺精湛，装饰精美。

商朝的天文历法

从甲骨卜辞中可以看到，商人已经会观察天象，并有关于日食、月食和星辰的记载，这是世界上最早的有关天文学的宝贵资料。出于农业生产的需要，商人也制定了比较完备的历法，这亦在甲骨文中有详细的记载。当时，全年分12个月，月有大有小，大月30天，小月29天，一年共354天或355天。商人亦用闰月来调整一年的天数，早期卜辞中，闰月放置在闰年的最后一个月之后，故又称"十三月"；而在后期卜辞中，闰月会放置在某一月的后面，比如闰五月。不过，这种历法不是根据太阳运动所测得的以一年为基础的阳历，也不是根据月亮圆缺而记日的阴历，而是一种阴阳合历。商朝时，还没有四季之分，只有春秋两季，故甲骨文中出现"春秋"，指的是一年。

▶ 约前12世纪

帝武乙无道，为偶人，谓之天神。与之博，令人为行。天神不胜，乃僇辱之。为革囊，盛血，仰而射之，命曰"射天"。

——《史记·殷本纪》

跋扈的武乙

伴随着国势衰落，政治观念和礼制也发生了变化，昔日备受尊崇的天神在残暴的武乙眼中，不过就是一个任其玩弄的木偶。对自然没了敬畏之心的武乙终遭雷击身亡。巧合？责罚？

主角
武乙

性格
残暴，贪于享受
惊人之举：辱神射天

死亡
被雷劈

意义
神权政治向着王权政治转变

武乙是商朝第二十八任君王，在位35年，是商王庚丁的儿子。子姓，名瞿。武乙在位时，商朝的国势已渐趋衰落，他尝试过挽救，但收效甚微。

商后期时传统的天神观念受到冲击，神权政治开始向王权政治转变，武乙在其中起到了表率作用，但他为人傲慢跋扈，暴虐成性又贪恋享乐，被后人视为暴君。

据出土的甲骨文记载，武乙曾多次调动重兵征伐商朝西部的旨方，参战人数在几千人之上，最终大败旨方，俘虏了两千余人，并将他们充为奴隶。

除此之外，武乙还出兵讨伐南方的诸侯国归国（在今湖北秭归境内），大肆屠杀当地百姓。

在一次次的征战凯旋之后，武乙变得骄傲跋扈，目中无人，甚至对天神也不再敬畏。商朝百姓本对上天和鬼神极其迷信崇拜，国家有大事，也会祭祀占卜，向鬼神问吉凶。而武乙对此则不以为然，他坚信只有实力才能统治天下，那些根本看

商·陶器残片
商代晚期白陶得到了高度发展，成为当时一个名贵品种。这时的白陶器不仅选料精细，而且制作相当规整、精致、器表又多饰有饕餮纹、夔纹、云雷纹、曲折纹等精美花纹图案，形制和纹饰都仿制当时的青铜礼器。

不到、听不到的上天和鬼神不能起什么作用。

为了宣示自己的王权至高无上，武乙命人制造了一个木偶，把它称作天神。他对着这个木偶说道："天神啊，你既然如此神通广大，那我们就来赌一下掷骰子。你是神应该会胜我，可如果你输了，那就说明我比你还要强大。从今之后，你就得听我号令。"

可木偶终究是木偶，它根本不会动，又怎么掷骰子呢？于是，武乙命令一个史官替天神来投。这个史官知道武乙的性格，哪里敢赢他？所以武乙胜出。他得意地对群臣说道："这就是你们敬畏的天神吗？不过是我的手下败将而已。"武乙命人抽打木偶后，把它付之一炬。

赌博似乎不太过瘾。不久后，武乙又让人制作了一个大大的皮囊，在里面灌满了兽血，然后他带着众人来到郊外，把这皮囊高挂起来。他向围观的百姓宣称，这个大皮囊就是上天，现在他要给上天放放血。

在场的人都惊呆了，不知道这是什么意思。只见武乙拉弓搭箭，嗖地一声，羽箭飞出，洞穿皮囊，血四下飞

革囊射天
出自16世纪《帝鉴图说》。讲述商武乙不尊崇天道，让人做一木偶视为天神而与其下棋，木偶输了就把木偶砍得粉碎。还命人在皮囊里盛满血吊在很高的地方用箭射穿，说是在射天。后来武乙打猎的时候被暴雷劈死。后世用"射天"借以指暴虐和叛乱行为。

溅。人们惊恐万状，武乙却哈哈大笑。

不知道是武乙真的得罪了上天，还是一场巧合。据说有一次，武乙带着手下在黄河、渭水之间游猎，晴天白日里突然一个霹雳划下天际，不偏不倚正好击中武乙，武乙当场身亡。

这场事故，后世有学者认为这不过是当时仇恨武乙的巫师们编造出来贬低他的一个说法，武乙也可能死于征伐西方方国部落的战斗中。

商·青铜鼎(一组)

1954年出土于湖北武汉黄陂盘龙城商代遗址,现藏于湖北省博物馆。盘龙城地区的商代早期随葬青铜器墓葬主要集中于李家嘴一带,随葬青铜礼器有鼎、簋、鬲、瓿、盉等,此外还有钺、戈、矛、刀等兵器。盘龙城商代青铜器的发现,对于了解商代早期青铜文化的分布、青铜铸造工艺的发展等具有重要意义。

约前11世纪

帝乙长子曰微子启,启母贱,不得嗣。少子辛,辛母正后,辛为嗣。帝乙崩,子辛立,是为帝辛,天下谓之纣。

——《史记·殷本纪》

糊涂帝乙错选太子

作为一代君主,不仅自己在位期间要有所作为,还要为王朝选一位合适的接班人,才算是合格的。否则一时糊涂,做了错误的选择,百年基业就可能毁于一人。

候选人
微子启、微仲衍、子期、辛

最终结果
幼子辛承嗣

选立原因
出生时母为王后

恶果
商朝灭亡

跋扈的武乙被雷劈死之后,他的儿子文丁继承了王位。文丁去世后,他的儿子羡接替了王位,羡便是帝乙。

帝乙是商第三十任君主,在位26年(前1101年—前1075年)。他在沫(即朝歌,今河南淇县)另建了王城别都,在位期间征伐诸夷,平定了东南少数民族的侵扰,促进了东南与中原地区的沟通与融合。著名的战役有东夷之战和人方之战。

商朝国势衰退的同时,东方的夷人各部却逐渐壮大,经常侵扰商朝的边境地区,严重威胁了商王朝的稳定。帝乙九年(前1093年),帝乙从情报中获悉夷方部落想要大举攻商,他决定抢占先机,率军出征,讨伐夷方。可半路上,商军却遇到了孟方(今河南睢县)军的截击,不得不班师回朝。

帝乙十年(前1092年)二月,帝乙亲率大军进击孟方,大胜而归。同年九月,帝乙

帝乙像
帝乙,子姓,名羡,是商王文丁之子。帝乙继位后,商朝的国势已经趋于没落。帝乙即位时,将他的儿子子期封于太原郝乡(今山西太原),其后世子孙便以封地名为姓氏,称郝氏。

再次征战夷方，与攸国（今安徽宿州）会师，合兵进攻，夷方军队大败。至帝乙十一年（前1091年）五月返回商都，这次征战共耗时260天。

鉴于夷方对商朝后方的威胁，帝乙十五年（前1087年），帝乙再次率领各诸侯军踏上远征之路。远征军到达雇（即顾，今山东鄄城东北）、齐（今山东淄博东北）等地，与夷方军展开了激战。一直到第二年三月，才得胜而归。

人方是生活在商朝东部地区的一个夷人方国，因势力发展，时常侵扰商朝边境。帝乙十年（前1092年），帝乙亲率大军，从东部重镇大邑商（今河南商丘）东进，命东部属国攸国作为接应，协同作战攻打人方。两军列开阵式，帝乙命令商军列阵渐次推进，正面攻打人方军队，再命令两翼展开夹击，人方不敌大败，首领被生擒。

帝乙见史载的有三个儿子。长子名启，又叫微子。周朝初年被周成王封于商丘，传承了商文化，是宋国的第一代国君。启的弟弟微仲，名衍，又称仲衍，宋国的第二位国君。辛，又称受德，是帝乙最小的儿子，天资聪颖，思路敏捷，且才力过人，深得帝乙的欢心。

帝乙欲立长子启为帝位继承人，太史提出了反对，因为启出生时，他的母亲尚为妾，生辛时已经为王后，虽一

商后期·卷云鱼纹匕
长柄匙形，柄饰宽带状卷云纹，柄首正中凸起扉棱，匕内底饰鱼纹。1989年江西新干大洋洲商墓出土，今藏于江西省博物馆。匕是古代挹取食物的匙子，用来挹取黍稷和牲肉的器具。

母所生，但身份不同，嫡出的辛要比庶出的启更合乎礼法。

帝乙皱起了眉头，他还从未考虑过嫡出与庶出这个问题。如果立启为太子，名不正，言不顺，除了会遭人笑话，还可能引来王室内的权力斗争。而立辛，名正言顺，合乎礼法，倒是会减少非议。

于是，帝乙立辛为嗣子，帝乙逝世后，辛即位，称为帝辛，登上王位后的辛因无人管束，愈加放肆，以致后期暴虐成性，荒淫无道，非但不理政事，还整日用酷刑杀人为乐。这就是历史上有名的殷商末君商纣王。这一切都是帝乙始料未及的。

帝辛之所以叫"纣"，是后人为了昭示他的暴行，给他追加的谥号。在《谥法》一书中，"残义损害"便为"纣"。

约前11世纪

微子去之,箕子为之奴,比干谏而死。孔子曰:"殷有三仁焉。"

——《论语·微子》

悲惨的"三仁"

面对国家危亡,微子、箕子和比干各用不同的方式表达了自己对王朝的忠贞。但王权集于残暴的纣王一人之手,即便有这众多贤人忠臣,也难挽大势。

进谏者
微子、箕子、比干

进谏对象
纣王

要求
敬天守礼,善待百姓,修养德行

结果
微子出逃,箕子装疯,比干惨死

微子离商

帝辛继位后,定都于沬,后改沬邑为朝歌(今河南淇县),后人称之为纣王。纣王在位期间,对内注重享乐,腐化暴敛,任人唯亲;对外用兵频繁,不修善政,诸侯不满。甚至为了镇压不听话的诸侯和大臣们,纣王还发明了种种酷刑,以杀人为乐。

朝野内外,怨声载道,眼看着周族的势力在一天天壮大,担忧商朝前途的微子数次向纣王谏言,可纣王根本听不进去。

有一次,大臣祖伊在朝廷上向纣王直言,西伯姬昌正在四处收买民心,让纣王提高警惕,说姬昌不是甘于为臣的人。哪知纣王却毫不在乎:"我乃真命天子,小小姬昌能把我怎么样?"面对纣王的盲目自大,忠心的大臣都忧心如焚,有的仍冒死进谏,结果都被纣王残忍地杀害了。

微子图
出自《钦定书经图说》,清光绪三十一年(1905年)内府石印本。微子是商王帝乙的长子,纣王的庶兄,早年在微子国(今山西潞城)做诸侯国君。因封国为微,姓氏为子,故后来被称为微子。后来成为宋国(今河南商丘)第一代国君。

把这些都看在眼里的微子知道纣王已无可救药，商朝离灭亡只有一步之遥，他却无力回天。想着商朝的基业即将倾覆，微子痛苦不堪，打算以死殉国。可他转念一想，自己就算死了，又有什么意义呢？如果自己的死能让纣王清醒，他倒宁愿一试。

犹豫之下，微子去请教太师和少师，他说："我殷商如今已乱，不能治理天下了。我们的高祖成汤的治国之道在先为表率，而如今纣王沉醉美酒，因淫乱败德于天下。殷商上下大小臣民无不偷盗抢掠，作奸犯科，官员更是违法乱纪。凡是这些有罪之人，都得不到惩治。殷商到了如今这个样子，亡国之日不远了。我该怎么办？我是不顾一死再次进谏，还是逃到野外从此终老？你们指点一下我吧，告诉我究竟该怎么做？"

太师与少师听了这番话，思忖良久，太师最后说道："上天既然对我商王朝降下大灾，我王竟然对上不畏天敬天，对下不听众臣所劝。我们作为臣子的又能如何呢？商已注定灭亡，你死了又有什么意义？能改变这一切吗？如果不能，我劝王子还

位于河南商丘睢阳区的微子墓

是逃离这里吧。反正，我们是准备逃亡了。"

微子听了他们的一番话，觉得很有道理，所以他躲回自己的封国微（今山西潞城），后又迁移到山东梁山西北，至今潞城和梁山也称为"微"。

周武王打败商纣王，灭掉殷商之后，为对前朝示恩把微子封于宋，微子遂成为宋国国君，也是宋氏始祖。

商代铜觥拓片上的鳄鱼纹和神兽夔纹

夔纹是商周时期青铜器上常见的一种爬行动物纹饰，其主要形态特点为：大口、卷唇、无角、一足、卷尾，代表着王权甚或神权，饰有夔形纹饰的青铜礼器或兵器代表着至高无上的权威与尊贵。鼍纹亦称鳄鱼纹，在中国发现尚为首例。它的出现让后人不禁猜想，是不是当时的黄河中下游气候温暖湿润，沼泽之中有鳄鱼嬉戏。

比干遭挖心

比干是纣王的叔叔，担任丞相一职。他20岁就开始辅佐帝乙，后受先帝托孤，继续辅佐纣王。从政40余年，终年63岁。

他看着纣王一天天把殷商带入灭亡之路，心急如焚。微子出走，箕子装疯，比干不禁感叹道："作为人臣，如果国君有过错却不劝谏，那还算是什么臣子，那是不忠的表现；如果因为怕死而不敢直言，那是没有勇气的怯懦表现。君王有了过错，必须给指出来，就算君主不采纳，我就算死了，那才是真正的忠心。"

于是，他不顾惹恼纣王，向他痛陈国家形势，希望他能觉醒。纣王虽然恼怒，但顾及比干是自己的王叔，只好应付说："您说的我知道了，我会记住的。"比干见纣王无心悔改，便一连三天去面见纣王，态度强硬，痛斥纣王的过错。暴虐成性的纣王大怒，他说："我听说圣人的心与众不同，有七个孔，我倒要看看这话是不是真的。"

纣王让人剥开了比干的胸膛，取出他的心脏让众人观

商·父爵

铜爵，最早出现在夏朝，是商代青铜礼器中最常见、最基本的酒礼器。只有奴隶主贵族才有资格使用铜爵，而身份高低的不同又需要通过爵的数目进行区分。"爵"逐渐演变为身份地位的象征和贵族不同等级的标志。

商朝的学校

据记载，中国在夏朝时期已有学校教育的形态。到了商朝，学校教育有了更完备的规模。那时候，学校的称谓有序、瞽宗、庠、学等，由国家的职官担任教师，教以宗教和军事知识，还有伦理和一些文化常识。在甲骨文的卜辞中，可证实商代学校已有了多方面的教学活动。序为讲武习礼的场所，又分"左学"与"右学"。"左学"又称下庠，属小学，设于王宫之中，专教王室子弟；"右学"属大学，位于商都城西郊，本为献俘祭祖的场所，主要教授有关宗教祭典等礼仪知识。而瞽宗本是乐师的宗庙，也是祭祀的场所，祭祀中，常礼乐相附，所以瞽宗渐成为向贵族子弟传授礼乐知识的教育机构。从甲骨文的记载中，可以看出商朝时期学校里已经有了读、写、算等教学内容，并出现了一些作为教学的典册。

看。很多人吓得直打哆嗦。纣王却像没事人似的说："不过如此,这哪里有七个孔了?"从此以后,再也没有大臣敢对纣王多说一个字。

周武王灭商之后,派人重新修缮了比干的坟墓,表达了对他忠肝义胆的敬佩之情。

箕子装疯

箕子,名胥余,是帝乙的弟弟,纣王的叔父,封于箕(今山西太谷),所以人们称他为箕子。

箕子在辅佐纣王的时候,发现纣王用餐必定会使用象牙筷子,送错筷子的人甚至会被纣王打死。箕子从这件小事上觉察出一些端倪,心想:现在他用象牙筷子,以后肯定会配上玉杯,然后必然想得到各地的奇珍异宝。推而远之,华美的车马、奢华的宫殿必然会是他想得到的东西。如此下去,国家必定灭亡。

果不出箕子所料,后来纣王的行为正如他预测的那样,骄奢淫逸,挥霍无度。箕子数次规劝纣王,但纣王全部当作了耳边风。箕子知道商朝五百余年的江山从此没救了,心痛不已。有人劝他离去,箕子却说:"我身为人臣,君王听不进谏言便私下出走,那是在彰显他的过失,让自己得到人民的同情理解,我不忍心做那样的事。"

箕子割掉头发,装疯卖傻,整日混迹在奴隶之中。无人之时,便鼓琴弹

囚奴正士图
讲箕子因谏商纣王不听,遂装狂遭囚禁的故事。周武王灭商建周后,命召公释放箕子,向箕子询问治国之道,箕子不愿做周的顺民,带领遗老故旧一大批人从今胶州湾东渡到朝鲜半岛,创立了箕子王朝。同去的有殷商贵族景如松、琴应、南宫修、康侯、鲁启等。后来,箕子过殷(朝歌),见宫室毁坏荒凉,遍地野生麦黍,伤心大哭,作《麦秀歌》,其诗曰:"麦秀渐渐兮,禾黍油油,彼狡童兮,不与我好兮。"这里"狡童"系指纣王,意为你那时不听我劝,如今落得这般天地。朝歌殷民听见,皆动容流涕。今朝鲜平壤曾有箕子陵,是其遗迹。

唱自己所创的"箕子操"来发泄心中的悲愤。

纣王看到箕子此番模样,并不完全相信他真的疯了,于是将他囚禁起来。

周武王灭掉殷商,箕子才得以释放。周武王本想重用箕子,但箕子不肯出山。之后,箕子带着一些人东渡朝鲜,创立了箕子王朝。

少年中国史

> 约前1046年

商纣……好酒淫乐，嬖于妇人。爱妲己，妲己之言是从。

——《史记·殷本纪》

纣王亡国

文武双全的商纣王遇到美女后，空负了一身的才华，扔掉了百姓享奢华，抛却了社稷换耳顺。当臣不敢言、民不愿认时，西伯侯一反，天下随之。

背景
政治腐败，君王及贵族沉溺酒色，暴虐无比；
智者隐遁，奸臣当道，社会矛盾激化；
诸侯叛离，周边少数民族入侵

时间
约前1046年

耗尽国力之战
平定东夷之叛

后世质疑
加诸在帝辛身上的种种恶行，是对手周人及商族内部反对派故意抹黑帝辛的说法，非真相

众叛亲离

据《左传》记载，商纣王在位期间有次发动大军征服有苏部落，有苏部落抵挡不住，献出牛羊、马匹及美女，里面就有部落首领自己的女儿苏妲己。得到妲己后，纣王就被她的美貌和歌舞之艺迷住了，对她非常宠爱，有求必应。妲己喜欢音乐，纣王便命令乐师涓创作新的靡靡之音，两人朝夕欢歌，从此荒废了政事。纣王还四处搜刮奇珍异宝，大肆扩建宫殿楼台，以此来讨妲己欢心，全然不顾加重人民的负担。

传说妲己虽为女子，却甚喜观看酷刑，为博美人一笑，纣王发明了不少酷刑。值得一说的有"炮烙"之刑。就是在空心铜柱中放上烧红的木炭，再

商·兽面纹俎
1979年辽宁义县花儿楼窖藏出土，现藏于辽宁省博物馆。俎是古代祭祀时摆放祭品的器具。此兽面纹俎口沿斜侈，两宽边作立板，立板中央开孔，形成俎足。俎下铸环状纽，上系二铃。俎足以云雷纹为底，上面饰兽面纹。

大雅·大明（节选）

大邦有子，俔天之妹。
文定厥祥，亲迎于渭。
造舟为梁，不显其光。
有命自天，命此文王。
于周于京，缵女维莘。
长子维行，笃生武王。
保右命尔，燮伐大商。
殷商之旅，其会如林。
矢于牧野，维予侯兴。
上帝临女，无贰尔心。
牧野洋洋，檀车煌煌，
驷騵彭彭。维师尚父，
时维鹰扬。凉彼武王，
肆伐大商，会朝清明。

——《诗经》

在铜柱上涂满油，让犯人赤脚在上面行走，人一旦失足落下，便会落入下方放置好的炭炉中，被活活烧死。妲己和纣王却看得津津有味。

当时商纣王任命西伯侯姬昌、九侯、鄂侯为三公。九侯有个女儿长得非常漂亮，入宫后看不惯宫里的一些作为，惹恼了纣王，纣王就杀了她，并把九侯处以"醢刑"（杀死后剁成肉酱）。

诸侯梅伯见到这些酷刑太过残忍，忍不住劝说纣王，结果也被纣王剁成肉酱，并分给一些为他求情的诸侯吃。

随后，鄂侯因指责纣王无道，被处死后，制成了肉干，放在大街上示众。这种刑法便是"脯刑"。

纣王种种无道行迹，让贤良的诸侯大臣愈发不敢直言，人人避而远之。

位于河南省鹤壁市淇县朝歌山的摘星台

传说纣王为了讨好苏妲己，为她建造了一座很高的塔楼，因为建造得特别高，站在上面，好像能够得着天上的星星一般，因此取名摘星楼。后来，纣王受苏妲己的蛊惑，在摘星楼上摘下了比干的心，一代忠良就这样惨遭杀戮。之后，人们把摘星楼改叫作摘心楼。两千多年后，高楼损毁，夯土垒成的楼基，也只剩下了一座土台子，现在的人们都把这座摘星楼的楼基称之为摘星台。

妲己害政
出自《帝鉴图说》。讲述了商纣王帝辛宠爱美人妲己，祸乱朝纲，最终致灭国的故事。

朝堂之上，纣王重用费仲和恶来，费仲善于阿谀，贪财利；而恶来喜欢进谗言，经常污蔑毁谤大臣。

三公之一的西伯侯姬昌看着朝廷内外哀鸿遍野，在背地里叹息，抱怨纣王，没想到被人告发，结果被纣王关进了监狱。之后，他的一个儿子因触怒纣王而被烹杀，制成肉羹后赐给姬昌。为了不引起纣王怀疑，姬昌不得不吃掉儿子的肉。

周的崛起

当商王朝因内部矛盾不断激化、周边少数民族不断入侵、诸侯纷纷反叛而焦头烂额时，商朝西边的周国却不断强大起来。

被纣王囚禁的西伯侯姬昌便是周国的首领。自从他被囚之后，周人便想方设法要把他救出来。周人贿赂费仲，通过他给纣王献上珍宝、马匹、奇异生物及美女，终求得姬昌释放。

姬昌回周以后，他心里清楚商朝必亡，决定推翻商朝取而代之。他一方

商朝的酷刑

商朝时期的酷刑有很多，比如车裂、腰斩、断肢、削刖（砍足）、烹杀等。而商纣王在位期间，更是发明了几种令人发指的酷刑。

如炮烙之刑，即用炭火烧热铜柱，让犯人赤足走在铜柱上，坠入炭火中烤死。醢（hǎi）刑，即把人剁成肉酱。据说，九侯的女儿得罪纣王被杀，九侯受牵连，便被施以这种酷刑。脯刑，即把人杀死后晾成肉干。据记载，九侯被纣王残杀后，鄂侯对此不满，与纣王发生争辩，被纣王处死后，施以此刑。挖心，这个也是极为残忍的刑罚，即将活人的肚腹剖开，取出五脏六腑而致其死，纣王将这种刑罚施加于他的王叔比干身上。除此之外，烹杀也是当时使用的一种刑罚，即将大鼎或釜中加水烧沸，将犯人扔进沸水中烫死。从考古发掘来看，一般奴隶或平民犯罪通常是直接杀死，只有地位较高的人才会被施以这种酷刑。

面发展生产,壮大国力;一方面搜捕逃亡的奴隶,增强军队实力,拉拢周边小国,使势力深入到商朝范围之内,以至当时周国已"三分天下有其二"。

姬昌觉得时机已到,准备讨伐纣王,把都城迁到了丰都(今陕西西安沣河西岸)。可姬昌大业未成,在攻商前夕溘然长逝。他的另一个儿子姬发继位,继承了他的遗志。

姬发便是周武王,他在姜尚、周公、召公和毕公一干贤人辅佐下,制定对商讨伐的战略方针,准备伺机而动。

自焚于鹿台

周武王继位后四年,得知比干被杀、箕子被囚、微子出奔后,断定时机已经成熟,他向天下诸侯宣告:"殷失王道,天下当合力讨伐。"

于是,周武王率领战车军马近五万余人浩浩荡荡地向东方前进,到达孟津之后,与各诸侯会师一处,他向众人说道:"我姬发要替天行道,讨伐纣王。大家一定要全力杀敌,机会只有这一次。"

联合大军来到商朝别都朝歌郊外的牧野,和纣王的军队狭路相逢,两军拉开阵式,大战顷刻触发。周武王的军队训练有素,而纣王的士兵全是临时拉来凑数的奴隶俘虏,这些人根本无心作战,在周武王大军的攻击之下,有的四处逃窜,有的临阵倒戈。

商·人面纹方鼎
1959年湖南宁乡黄材寨子山出土,现藏于湖南省博物馆。器体呈长方形,立耳,四柱状足,为商代后期鼎常见的样式。鼎腹的四面以浮雕人面作主体装饰,人面周围有云雷纹,人面的额部两侧有角、下巴两侧有爪。商、周青铜器以兽面纹作主题纹饰较为常见,人面纹饰较为少见,因此十分珍贵。有专家认为这组人面纹有爪而无身,属于传说中"有首无身"、贪吃人的凶兽饕餮一类怪神。此鼎出土,说明商晚期青铜制作者已具备了较强的写实和形象概括能力。用人面纹装饰的青铜器还有现在美国华盛顿弗利尔美术馆收藏的一件青铜卣。

纣王见军队被杀得七零八落,只得退入城中。他登上鹿台,看着自己的王宫,知道死期已至,突然意识到这一切皆因自己而起,他愧对祖宗,羞愤之下,举火自焚而死。

当周武王率军赶来时,只看见地上一具焦尸。他命人斩下纣王的头颅,绑在一面白旗之上,高高挂于城墙之巅,让百姓亲眼看见暴君的可悲下场。而纣王的爱妃妲己也被周武王斩首。

神秘的甲骨文

甲骨文最早也称龟甲文、甲骨卜辞或殷墟文字等，是中国目前所见的最古老且成熟的文字，也被认为是汉字的早期形式，是商人用龟甲、兽骨进行占卜时，刻在上面的卜辞和少量记事文字。因为这些文字书写在龟甲和兽骨之上，所以被人们称为甲骨文。甲骨文虽不是正式的历史记载，但因其数量众多，内容丰富，所以是研究古代历史特别是商代历史最重要、最直接的资料。

王室占卜

在商代，朝廷设置了专门的机构和卜官。商王在处理国家大事和私人事务上，都要求神问卜，如祭祀、气候、收成、征伐、狩猎、生育、疾病甚至出门、做梦等都要祈问鬼神，以了解鬼神的意志和事情的吉凶，再决定行止。王室的每一次占卜，都会将占卜结果刻在龟甲或兽骨上，作为国家档案封存起来，藏于窖穴之中。

古人在占卜前，在龟甲背面钻一个眼（不能钻透），叫钻；旁边刻一个较浅的椭圆形槽，叫凿。占卜时，将一根细木棍前端烧成炭火后用以烧灼这龟甲背面的钻眼。于是龟甲表面的相应部位就因受热不匀而发生坼裂，占卜者根据这坼裂纹来推定吉凶，并把相应的文辞刻在甲骨上。

安阳殷墟甲骨坑

◉ 甲骨卜辞

自殷墟发现以来，几十年间，殷墟出土的甲骨卜辞约有15万片，共近5000个单字，其中能认识和隶定为汉字的共1723字。这些甲骨文所记载的主要是王室的占卜活动，内容不仅包括政治、军事、文化、社会习俗等，还有关于天文、历法、医药等科学技术的记载，几乎涉及商代社会生活的方方面面。

◉ 甲骨文字

古代书法家和古文字研究者们都认为，甲骨文已具备了书法的用笔、结字和章法这三个基本要素。用笔上，甲骨文的线条多用直线，曲线亦用短的直线相接而成，起刀和收刀直起直落，笔画粗细均备。整体看来，字迹严整瘦劲，挺拔爽利，很有立体感，对后世篆刻具有深远影响。

刻有武丁朝占卜内容的牛肩胛骨

结构上，甲骨文虽有大小变化，但长方形或方形的字体较为均衡对称，具有了稳定美，且文字方圆结合，伴有象形图画的痕迹，看起来更为质朴和生动。

章法上，每一篇甲骨卜辞的文字安排或紧凑或舒朗，一气呵成，虽大小有别，但错落有致，疏密相间，前后呼应，不失古朴与烂漫的情趣。

稀世之珍三星堆

三星堆文化是夏人的一支从长江中游经三峡西迁成都平原、征服当地土著文化后形成的，同时西迁的还有鄂西川东峡区的土著民族，三者相互整合之后，孕育出一个独特、瑰丽的古蜀文化，被誉为"长江文明之源"。

三星堆遗址在四川广汉西北鸭子河南岸，距今已有三千到五千年的历史，依其出土的文物，考古学家将该遗址群的文化遗存分为四期，其中一期为早期堆积，属于新石器时代晚期文化，二至四期则属于青铜文化。在三星堆祭祀坑出土的上千件青铜器、金器、玉石器中，最具特色的首推三四百件青铜器，在这批古蜀秘宝中，有高2.62米的青铜大立人，有宽1.38米的青铜面具，更有高达3.95米的青铜神树等，均堪称独一无二的旷世神品。而以金杖为代表的金器，以满饰图案的边璋为代表的玉石器，亦多属前所未见的稀世之珍。

▼ **金杖**

金杖长1.42米，直径2.3厘米，净重约500克。手杖的芯为木质，以黄金卷包，系用金条捶打成金皮后，再包卷在木杖上，出土时尚见金皮内残留的碳化木渣。上有奇特图案，分别是2只背对的鱼、2只背对的鸟、2颗对称的头戴五齿高冠的人头，这样的手杖在中国考古史上尚属首次发现，后人推测与当时的巫术有关。

◀ **金面青铜人头像**

三星堆的金面头像仅出土了四尊，圆顶或平顶。圆顶头像戴着帽箍，如同盘起来的发髻；平顶头像戴素面无纹帽。眼睛突出，嘴唇细薄，表情凝重。人们推测，这种金面造像代表了社会最高层地位的人，他们手握生杀大权，并具有与神交流的特殊技能。

▲ 青铜神坛

　　三星堆最神秘的青铜神器之一，共分为四层。底层兽形座，是整个神坛的基座，其中的神兽被认为是用端，相传此兽能够日行万里，通晓四夷之语，了解世间万事；第二层是长着左右两张脸的四个立人，手持藤条，威严肃穆；第三层是四座相连的山峰；第四层是一个方形的匣子，四面各镂空雕出五个盘发的古蜀人，身份可能为巫师，匣顶四角各站立一只神鸟。学术界普遍认为，神坛反映了古蜀人天、地、人三界观念。原出土为碎片，文物学家历经两年修复完成。

▲ **黄金面罩人头像**

金面罩是用金皮捶拓而成，依头像造型，贴在青铜人头像上。面具在古蜀人的精神世界里，不仅是一种通神的工具，更是一种娱神的法器，以极其珍贵的黄金面具覆盖于青铜人头像上，不仅显示了其崇高的地位，更是为了让神灵欢娱，以此得到神灵的庇护。

▶ 青铜纵目人头像

倒"八"字眉毛，大眼眶内双眼斜长，眼球呈圆筒状突出眼眶，眼角入鬓；双耳如翅；隆鼻梁，鼻翼呈牛鼻状向上内卷；阔口且深，嘴角上咧至耳根下，作神秘微笑状。此像风格雄奇，又被称为顺风耳、千里目。

▼ 青铜人头像

平头顶戴冠头像，面容消瘦，双眉紧皱，突出的双目下视，云雷耳，嘴唇紧闭，表情肃然威严，透着一丝狰狞。

▲ 青铜大鸟头

通高40.3厘米，是三星堆出土的鸟类造型文物中最大的一件。此器可能用于神庙的装饰，也有可能是安于某种物体上作为依仗。

▲ 青铜兽面

兽面大眼，卷鼻深纵，长眉和顶发上扬，夔龙形耳朵，方颐阔口，龇牙咧嘴，形象狰狞诡谲。

前1600年—前1046年

贞御自唐、大甲、大丁、祖乙百羌百牢。

——《卜辞佚》873

残酷的奴隶制度

奴隶社会是历史上第一次出现的阶级社会，除了一些平民和自由民，其基本阶级就是奴隶主贵族和奴隶。商代后期，正是奴隶制社会发展的鼎盛时期，奴隶主对奴隶的剥削与压榨都非常严酷。

奴隶来源
战争中的战俘

名称
总称为"臣"，女性称为"妾"

负担义务
农业生产和狩猎、修路、建筑等各种繁重的杂役；当徒兵、服军事苦役；充当祭祀品或陪葬

待遇
奴隶主最廉价的个人财产，可自由赏赐、赠送、交换或杀掉

反抗方式
逃亡、暴动

奴隶下颌骨
殷墟出土。现存于河南安阳博物馆。

商朝奴隶社会的统治阶级是由商王、臣僚、侯伯、诸子、史官等组成。而商王是最大的奴隶主，是奴隶主阶级的总代表。出土的甲骨文中有记载，称商王为"余一人"，在《尚书·盘庚篇》中又作"予一人"，是全国土地的拥有者，拥有任意发号施令的权力，对民众有生杀大权，或罚酷刑，或贬人为奴。

这些贵族奴隶主阶级不从事生产，过着骄奢淫逸的生活，作为剥削阶级享有种种特权。而奴隶只是会说话的工具，完全没有人身自由，只是奴隶主们会说话、会走动的一种活的财产。据甲骨文研究可以看出，商代的奴隶多来自战争中的战俘，目前所知道的名称有羌、大、亘、尸、美、奚、而、印等30余种。

这些奴隶被分配给各级奴隶主贵族，从事狩猎和生产。根据劳动范畴不同，可分为农业奴隶、畜牧业奴隶、手工业奴隶和家内奴隶等。其中，农业奴隶数量是最多的，也是社会生产的主力军。他们在烈日下劳作的

时候，都有奴隶主在旁监督、催促或鞭打。在奴隶主家里，大批奴隶服侍奴隶主过着舒适的生活，只有极少数奴隶会得到奴隶主的宠信，从而摆脱奴隶的悲惨命运，比如厨子宰相伊尹、筑路的傅说等。

大部分奴隶的结局不是劳作至死，就是被惨无人道地杀死。商朝奴隶主崇尚人殉与人祭，这也是很多奴隶的最终结局。所谓人殉，就是奴隶主死后，要大量的奴隶陪葬，希望把人间的享乐带到冥间。从目前出土的商朝墓葬来看，每一个大、中型墓葬中都有数量不等的陪葬者，有的多达几百人。而人祭，就是用活人来做祭祀的"牺牲"，没有人身自由的奴隶就充当了这些"牺牲"。据记载，成汤求雨时，就曾用活的奴隶来祭祀上天。甲骨文中，关于人祭的记载有3000多条，被当作祭祀"牺牲"的奴隶，或被火活活烧死，或被沉入水中淹死，或被直接杀戮。杀戮俘虏作为人祭，以商代后期为盛。

奴隶们过着悲惨的生活，他们当然也会以各种形式反抗。从出土的一些甲骨文卜辞中可以看出，在那个时候，有相当多的奴隶以逃亡来反抗暴虐的统治。但如果被抓回来，通常会被施以重刑，包括砍头、剖腹、割鼻、活埋、刖足等。其中，刖足是最为常见的，奴隶们被砍掉了脚，就没办法逃跑了。

奴隶制度虽充满罪恶，但在当时的历史条件下，奴隶制度是一种比较先进的社会制度，它推动了商王朝农业和

殷墟宗庙祭祀坑和车马坑内因祭祀殉杀的奴隶

在殷墟历次发掘中，从商王陵附近的祭祀坑里出土了大批人头骨及无头骨架。商时盛行人牲，每次祭祀祖先，都会屠杀人数不少的奴隶供奉。商时迷信鬼神，认为鬼神世界跟现实世界一样，奴隶主贵族死后在那个世界里也需要奴隶侍奉和照顾。

手工业的发展，创造出了灿烂的殷商文化。在当时生产技术并不发达的商朝，因为有了奴隶的共同协作，有了细致的分工和高超的冶炼技术，才有了商代灿烂的青铜文化的诞生。

前1600年—前1046年

癸亥卜，王令多尹哀田于西，受禾。

——《卜辞合集》33209

殷商的社会经济

商朝时期，农业和手工业得到发展，许多粮食作物，比如黍、稷、稻、麦等得到广泛种植，桑、麻、瓜果等经济作物也得到推广。畜牧和渔猎的生产水平较之前朝，更是有了显著的提高。各种手工业产品不仅产量大，种类多，而且分工更细，青铜器的铸造技术更是达到了前所未有的高峰。

货币
贝币、铜币

基础经济
农业

社会分工
陶瓷、骨器、角器、玉器、漆器、纺织、缝纫、舟、车、酿酒，以青铜器制作最为先进和发达，为官府所垄断

流行风气
好酒常饮

商末·鹿角锹
北京房山区镇江营遗址出土，现藏于首都博物馆。鹿角锹是一种用于挖土的农业工具。

从殷墟出土的文物中，能发现许多农业生产工具，比如用木、石、骨、蚌做成的镰刀、锄头、铲子和耒耜等。殷商时期，农业生产中普通使用的工具是耒和耜。耒形如十字，一根尖木头配上一段短短的横梁。使用时尖头插入土中，用脚踩横梁，借势翻出土壤。改进后的耒有两个尖头，使翻土面积增大。耜和耒有些相似，只是尖头成了扁头，有点像如今的铲子或者铁锹，其制作材质从最早的木头逐渐发展成石质、骨质或陶质。耒和耜可以看作是犁的前身，有了它们的出现，才有了真正意义上的耕播农业，从而开创了中国农耕文化。

殷商时代，主要的农作物有黍，就是大黄米；还有稻、麦、稷等。稷就是谷子、小米，也是酿酒的主要原料。而酒往往也会用于祭祀，这说明了当时的谷物已有剩余，才促进了酿酒业的发展。在甲骨文中还有关于施肥的记载，可见农业种植技术已初具形态。

殷商时期，畜牧业有了蓬勃的发展。在甲骨文和殷墟遗址中，都有发现猪、马、牛、羊、鸡、犬

这六类牲畜。六畜都是常见的饲养家畜，马、牛、羊都是圈养。这些家畜除了用以食用，作为动力拉车等，大量还被用来祭祀。从甲骨卜辞中可以发现，祭祀用的牲畜少则数头、数十头，多则可以达到上千头。在一些贵族的墓葬中也发现了大量六畜的兽骨，可见当时的畜牧业十分发达。

渔猎在殷商时期是作为农业和畜牧业的补充。从殷墟中出土的渔猎工具以及甲骨文中一些猎具的象形字体，都说明了渔猎的存在。当时，渔猎技术得到了改良，人们已能捕获许多飞禽走兽，比如兽类有象、虎、鹿、麋、豕、狐、猴等，各种鸟类也有不少，鱼类更是有海产鱼和蚌、贝等。打猎成为当时奴隶主贵族的一种娱乐和经济活动，不仅可以收获各类猎物制作食物，动物的皮毛还可以制作衣服。此外，打猎同时又可以为农田除害，并起到军事训练的作用。

蚌镰

在殷墟遗址中出土的蚌镰比石镰多，主要形制有弯背凹刃和弯背直刃两种，刃部均呈锯齿状，制作比较粗糙，长度在10厘米以上，以13厘米~14厘米的居多。在商代，先民使用的工具大致分青铜器、石器和蚌壳制品，虽说用青铜和石头制作的生产工具较为坚固，使用时间长，但商代先民对蚌壳类制作的生产工具更是青睐，因为用蚌壳制作工具费时少，而且蚌壳制作的生产工具使用起来更加轻便。蚌镰和石镰的大量出土，反映了商代粮食作物的发展。

殷商时期出现了以职业为氏的工商业者，如索氏（绳工）、长勺氏、尾勺氏（酒器工）、陶氏（陶工）、繁氏（马缨工）、樊氏（篱笆工）等，说明当时的社会分工已经很专业、细致了。

殷商文化与周文化对比

殷商文化	周文化
女性地位是很高的，女性贵族可以参与国事管理，甚至可以拥有封地	禁止女性参与政治，确立了男尊女卑制度
虔诚地对待鬼神	对鬼神敬而远之
用人上能力大于出身	用人唯亲，实行绝对的世官制
在农业基础上，重视工商业，崇尚经商谋利	单一的农业文明
注重法治和契约，开创了中国古代的法制文化	倡导人治德治，留下了对中国影响深远的等级特权礼制
恋爱和婚姻相对自由	婚姻要听从父母之命、媒妁之言
重实轻名，不喜欢烦琐的礼节	以礼乐著称，重名轻实

西周

前1046年—前771年

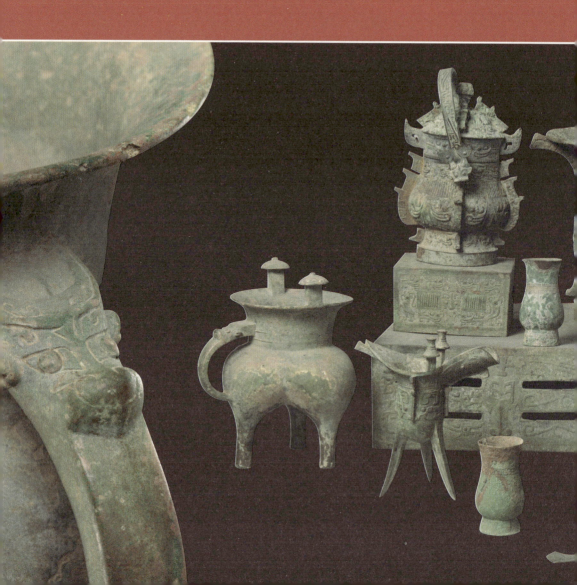

后稷爱民，农业为长；公刘迁址，行业百兴
文王创业，武王立国，周室初兴的勤勉激励着几代君臣之心
然成康之治的余温犹在，
骊山无情的铁骑已到，
近三百年的基业在遭戏弄的诸侯冷漠中就此消散……

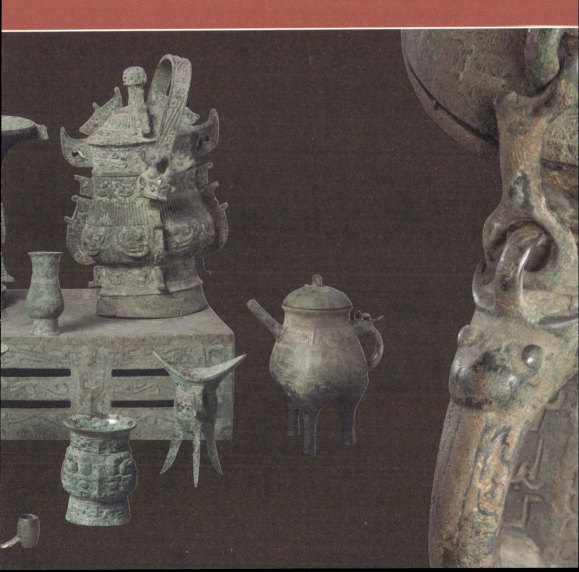

前2100年左右

周后稷，名弃。其母有邰氏女，曰姜嫄，姜嫄为帝喾元妃。姜嫄出野，见巨人迹……初欲弃之，因名曰弃。

——《史记·周本纪》

后稷得姓"姬"

大凡传奇人物都注定有一条与众不同之路。作为黄帝的玄孙，弃天生聪慧，在农业方面异于常人的天赋终使其被奉为一代"谷神"，并无意中开创了一个王朝的传说。

出生地
稷山

职业
农师（农官）

名字来历
母姜嫄踏巨足印而孕，母连弃三次而不成，遂起名"弃"。

姓氏来源
舜赐姓"姬"

主要成就
教民稼穑，推广发展农业

封地
邰城（今陕西武功）

相传，后稷是周朝的先祖。后稷是官名，而非姓氏。关于他的出生，有和始祖伏羲相似的离奇传说。

后稷的母亲名叫姜嫄，是有邰氏的女儿。有一天，阳光晴好，姜嫄踏着清风，信步来到郊外，被如画的美景所陶醉。正恍惚间，她发现树林中的泥土上有一个巨大的脚印，她呆呆地望着，不觉生出一片玩心，迈足踏入巨大的脚印中。

突然间，她感觉有股暖流从脚上升起，腹中微动。她不禁有些后怕，赶紧移出脚来，飞也似地逃走了。

不久，姜嫄发现自己怀孕了，一年之后，姜嫄诞下一名男婴，便是后稷。姜嫄认为自己的儿子应该是个妖怪，

后稷像
后稷，姬姓，名弃，是黄帝的玄孙，帝喾嫡长子。出生于稷山（今山西稷山），被称为稷王（稷神或农神）。尧舜时期掌管农业之官，周朝始祖，善于种植各种粮食作物。封地在古邰城（今陕西武功县）。

《生民之什·生民》

厥初生民,时维姜嫄。生民如何?克禋克祀,以弗无子。履帝武敏歆,攸介攸止,载震载夙。载生载育,时维后稷。

诞弥厥月,先生如达。不坼不副,无菑无害。以赫厥灵,上帝不宁,不康禋祀,居然生子。

诞寘之隘巷,牛羊腓字之。诞寘之平林,会伐平林。诞寘之寒冰,鸟覆翼之。鸟乃去矣,后稷呱矣。

实覃实訏,厥声载路。诞实匍匐,克岐克嶷,以就口食。蓺之荏菽,荏菽旆旆。禾役穟穟,麻麦幪幪,瓜瓞唪唪。

诞后稷之穑,有相之道。茀厥丰草,种之黄茂。实方实苞,实种实褎,实发实秀,实坚实好,实颖实栗,即有邰家室。

诞降嘉种,维秬维秠,维穈维芑。恒之秬秠,是获是亩。恒之穈芑,是任是负,以归肇祀。

诞我祀如何?或舂或揄,或簸或蹂。释之叟叟,烝之浮浮。载谋载惟。取萧祭脂,取羝以軷,载燔载烈,以兴嗣岁。

卬盛于豆,于豆于登。其香始升,上帝居歆。胡臭亶时。后稷肇祀。庶无罪悔,以迄于今。

于是决定把他扔掉。第一次,她将婴儿扔在一条巷子里。可奇怪的事情发生了,经过巷子的牛马面对地上的婴儿纷纷自觉避让,不敢踩踏。姜嫄只好拾回婴儿,打算扔进深山中,可山中却来了许多人。她又来到结冰的河上,把婴儿放在冰面上,希望他会冻死。可突然间飞来一群大鸟,它们居然落在了婴儿身上,纷纷用自己温暖的羽翼把婴儿包裹起来。

姜嫄一下呆住了,她意识到这可能是神的指示,便将孩子抱回了家,精心抚养,给这个孩子取名叫"弃"。

弃跟在母亲身边生活,自小就聪明伶俐。有邰氏是一个农业部族,弃自幼耳濡目染,在少年时代,就对种植产生了浓厚的兴趣,整日跑到田地里去观察农作物,他尤其喜欢栽种麻和菽。长大之后,他便走上农耕之路。他能够快速分辨出一块地是否适合种植,适合种什么农作物,还发明了许多种植之法。附近的百姓看到他种植的作物长势良好,每每丰收,纷纷向他求取经验。弃也不藏私,把自己总结出的方法和经验倾囊相授。

尧听说弃很会种植谷物,便将他封为掌管农业的"农师"。弃带领人们精心劳作,更广泛地推广农业种植技术,渐渐保证了人们一年的口粮。此外,弃还成功种植出了黍(黄米)、麦、豆等之前没有的新作物,不仅推动了农业的发展,还让人们穿上了用麻纤维做的衣服。

舜继任部落联盟首领后,授予弃"后稷"一职。当时禹负责治理水患,皋陶负责刑罚,契担任德育教化的工作,而后稷负责农业生产。

舜将弃封在有邰氏部落活动的区域,并给他赐姓"姬"。那个时候,人们多有名而无姓,这可以说是一份极大的荣耀。因为后稷对农业生产的杰出贡献,后世之人称他为稷王、谷神。用来代表"国家"一词的"社稷",便是土神和谷神的总称,稷便是指后稷。后稷和他的后代在自己的封地上世代生活下去,后来就渐渐形成了周部落。

约前16世纪末—约前1113年

古公亶父复修后稷、公刘之业。

——《史记·周本纪》

部落大迁移

树挪死，人挪活。公刘和太王审时度势，在艰难环境下做出明智抉择，带领整个氏族大迁移，避开了战乱之危，壮大了氏族力量，从而奠定了兴周灭商的基础。

事件
公刘迁豳和太王迁岐

首领
公刘和古公亶父

起因
为了获得更好的土地；为了避开战乱

迁徙地
豳；周原

意义
周有了发祥地，奠定了周朝的基础

公刘迁豳

公刘是古代周部族的一位杰出首领，他的先祖是后稷。后稷死后，周族部落继续担任"农业部长"，掌握农业生产。商兴代夏后，与夏朝有着密切关系的周族为了避免侵扰，不窋带着部族逃奔到戎狄所在的地区。

不窋死后，他的儿子，也就是公刘的父亲鞠当上了部族首领。鞠离世后，公刘接替父位，也成了部族首领。

公刘虽身在戎狄，但不忘后稷传下的农耕技术，因地制宜，大力发展农耕。可他发现这些地区的土壤并不适合耕种农作物，于是公刘打算寻找一片适合耕种的理想之地，带着族人迁移过去。

周部落领袖公刘雕塑
公刘，世居北豳(今甘肃庆城)，他是古代周部族的杰出首领、周先祖不窋的孙子、鞠的儿子、周文王的祖先。他带领族人开垦荒地，兴修水利，制造农具，整修田园，种植五谷，发展畜牧，传播农耕文化。22岁时，将首府迁移至南岗(今甘肃宁县城西庙嘴坪)，史称"公刘迁豳"，极大地开拓了周的基业。

史墙盘及其拓片

1976年出土于周原遗址，陕西扶风庄白村，现藏扶风周原博物馆。为西周共王时史官墙所作的礼器。盘为圆形，浅腹，圈足，双附耳。盘腹饰鸟纹，圈足饰窃曲纹。盘内底有铭文18行284字，多用四言句式，结构工整。铭文前半部分颂扬文、武、成、康、昭、穆及时王（即共王）诸王的功德，后半部分记述墙所属的微氏家族六代的事迹，可与文献记载相印证，为研究西周史的重要史料。

　　迁移并非小事，公刘经过调查，在迁移之前做好了充足的准备和安排。他让族人把粮食储存起来，以保证迁移过程中的食物补给。然后把各种兵器准备妥当，分发到族人手中，以免迁移中遇到兵乱，好快速反应御敌。一切安排完毕，公刘便带着族人浩浩荡荡地向着目的地进发。

　　公刘选定的地方，是一片广阔平坦的平原之地，这里土地肥沃，草木茂盛，尤其适合农耕。据他估算，如果耕种得宜，粮食的产量不但可以解决族人的需求，还能满足部落管理人员的粮食供应。这片繁茂的平原所在地就是豳（bīn，今陕西彬县、旬邑之间）。

　　有了稳定的居所后，公刘带领着族人开始了大规模的政治经济建设。公刘虽是族长，却事事亲力亲为，深受民众爱戴。他经常在田间考察，指导族人。对于人民的疾苦，他深有体会，常常给有困难的族人以扶助。

　　公刘改良农业生产工具，不断提高农业生产力。他亲自考察河流流动的方向，通过挖沟开渠，利用自然水源来灌溉农田。他以日影来测量背风向阳之所，根据土地质量分出低湿地和平原地，以此来建筑民居，供族人居住。渐渐地，人们过上了富裕的生活，人口也迅速繁衍。在平原之上，房屋林立，炊烟袅袅，一派欣欣向荣的景象。

　　经过多年的经营，豳地修建起了城池，其范围也不断扩展，东面到达了子午岭，南面直抵彬县、旬邑，西面远到甘肃的泾川、灵台等地，北达华池、环县（华池、环县皆属甘肃，为古周人的创业之地），周部落成为当时西北地区相当强大的部落方国。

孝事周姜
出自《历朝贤后故事图册》，清焦秉贞绘，现收藏于北京故宫博物院。此图人物选自周文王之母太任（大任）孝敬周姜（又名太姜，古公亶父之妻）的故事，图中端坐于案前的就是周姜，而站在她面前，高举托盘的就是太任。

公刘统一了豳地，大力扩展疆土，并在这里建立了周族宗庙，举行祭祀活动，为此后周族的发展奠定了雄厚的基础。为了保护辛苦得来的成果，周族还建立了一支自己的军队。

公刘迁豳是周族历史上的一件大事，《史记》上这样说道："周道之兴自此始。"公刘也因为他的杰出贡献，被后世周人尊称为"公"。

太王迁岐

在公刘带领族人于豳居住了三百年之后，古公亶父继位，成了部落的首领。古公亶父，姓姬，名亶，又称周太王。这个时期，戎狄部落日渐强盛，不断骚扰中原。周族也陷入了戎狄的重重包围之中，经常会有各类武装冲突。古公亶父为了顾全大局，委曲求全，向狄人进献了许多物品，以求和平。可狄人不守信用，仍然对周族肆意侵扰。

出于对整个部族利益的考虑，大约在前1113年前后，古公亶父率领部族再次迁移。这支大部落浩浩荡荡向着先祖后稷留下的领地有邰（今陕西武功）进发，可此处依然战事不断。无奈之下，只好又翻越梁山，渡过漆水来到了

西周·凤鸟扉棱镈

1995年出土于湖北随州三里岗刘店毛家冲,现藏湖北省随州博物馆。长环钮,合瓦形腔体,上窄下宽。舞平,于平,铣棱斜直。腔两面纹饰相同,为一兽面纹,鼻部突出为扉棱,兽面周缘填以云雷纹,上下饰以圆涡纹带。两侧铣棱上有对称钩形扉棱,棱顶端各有一高冠卧式凤鸟。

西周·云纹编钟

2011年出土于湖北随州叶家山西周墓地,现藏湖北省随州博物馆。其因表面装饰的细阳线云纹得名。合瓦形,内部为中空结构,钟体上装饰有两组圆形乳突,共18枚,古人通过敲击不同的乳突来演奏不同的音色。在西周的礼乐制度中,鼎是礼的中心,钟是乐为中心,编钟因此成为进行祭祀宴飨和军事占卜活动中的重要礼器。

西周

岐山（今箭括岭）之下的周原（周人的发祥地，今陕西宝鸡的岐山与扶风）。

周原地处陕西关中平原的西部，北有岐山，南有渭河，土地肥美，水源充足，非常适合农耕。岐山又能起到天然的御敌作用，于是，古公亶父和族人商议之后，决定在此定居。因此地叫周原，所以至此之后，这支姬姓部落始称周人。

原来在豳地居住的外族人，得知古公亶父在周原安定下来，纷纷携家带口前来归顺。其他方国的人民听说亶父的名声，也投靠了他。方国雏形初立，因为是在周原建制，所以定下国号为"周"，并得到了商王朝的认可。

太王迁岐这一历史事件，在先秦以至汉以后重要典籍中都有记载，其意义深远。周族在岐繁衍生息，使岐成为极为重要的政治中心。从此，周人正式走上历史的舞台，建功立业，奠定了武王灭商的基础。

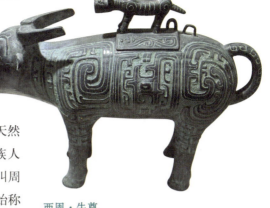

西周·牛尊
1967年出土于陕西省周原遗址，现藏于陕西历史博物馆。牛尊又名牺尊，是商周之际的一种盛酒器，整体作牛形，圆雕而成，牛头前伸，嘴微张，开一小流可倾酒。背有方盖，上立一虎，子母扣设计。器身饰满动物纹：虎纹、鳞状纹、鱼纹、鸟纹、饕餮纹、夔纹，动物在殷人祭祀天地中扮演着非常重要的角色，拥有着沟通天地的神奇力量。

周原遗址凤雏甲组宫室（宗庙）建筑基址
周原遗址位于陕西省关中平原西部，凤雏西周甲组（宫殿）建筑基址遗址是周原遗址的核心区。整体由二进院落组成，中轴线上依次为影壁、大门、前堂、后堂，前堂与后堂之间有廊联结。院落四周有檐廊环绕。房屋基址下设有排水陶管和卵石叠筑的暗沟，用来排除院内雨水。此建筑基址体现了中国古代人民高超的房屋建造技术，对后世的建筑有着重要的影响。

约前12世纪

季历贤,而有圣子昌,太王欲立季历以及昌,于是太伯、仲雍二人乃奔荆蛮,文身断发,示不可用,以避季历。

——《史记·吴太伯世家》

泰伯奔吴

谦让末弟,礼让君位,这是历史上少有的为亲情舍天下的温情一页。泰伯,这位吴国始祖,用实际行动向人们证明了没有号令天下的权力,一样可以浓墨重彩地名留青史。

主角
泰伯

主要成就
不与弟争位,成就周天下;
开发江南,建立吴国

尊称
至德先圣、三让王、江南人文之祖

后世祭祀节日
农历正月初九

古公亶父年老之时,感叹自己年老体衰,没有更多的时间为族人设计未来,便把希望寄托在下一代的身上。他有三个儿子:长子泰伯、次子仲雍和少子季历,泰伯和仲雍尚未成家,只有少子季历娶了挚任酋长(商贵族)的女儿为妻,生了个儿子名叫姬昌,当时只有四岁。这个小家伙出奇的聪明,比父亲季历还要乖巧伶俐,据说出生时还有祥瑞。古公亶父非常喜欢他,当着众人面说周族兴盛大概会在昌的手里实现。

为了顺应父亲的心思,成全小弟,泰伯带着二弟仲雍趁古公亶父生病的时候,以采药为名远走他方,来到了荆蛮之地,定居梅里(今江苏无锡梅村)。当时的江南,森林茂密、丘陵众多、河网稠密、野兽乱入,泰伯兄弟俩就在此

泰伯像
吴国第一代君主,东吴文化的宗祖。姬姓,父亲为周部落首领古公亶父,泰伯和弟弟仲雍避让王位,迁居江苏南部太湖流域重建国家,国号"句吴",并在今无锡梅里(现名梅村乡)营建早期城市,作为都城。泰伯奔吴,给落后的江东地区带去中原文明的种子,为后世强大的吴国打下基础。

地拓荒耕地，开浚理水，传播中原文化。当地的人民感慕泰伯之德，纷纷归附于他，并拥立泰伯为君主，国号"句吴"。

古公亶父病逝后，泰伯和仲雍奔丧回国，季历和众大臣让泰伯为君，泰伯坚决不肯；季历被商朝加害后，泰伯又返岐山奔丧，群臣与侄子昌再次请求泰伯即位，泰伯再三不受，并且这次与二弟仲雍回江南梅里后，就在身上刺满了文身，剪断了头发不束冠，以此来表明"避位让国"的决心。因为按《孝经》而言，"身体发肤，受之父母，不敢毁伤，孝之始也"。泰伯如此这般，从根源上自断了返回周国的后路。

泰伯来到吴地后，将中原文明的种子也带到这里，经他与二弟仲雍的艰辛开拓，终于使落后的江东地区逐渐变得富庶起来，为后世强大的吴国打下基础。

泰伯死后，就葬在他开拓的据点梅里平墟，被后世尊为江南人文始祖。孔子曾夸赞泰伯："其可谓至德也已矣。三以天下让，民无得而称焉。"

西周·玉凤

位于常熟虞山的仲雍墓

仲雍，又名虞仲，为殷末周族领袖古公亶父（周太王）次子，为避位与兄泰伯同奔至今无锡、常熟一带，断发文身，与民同耕，泰伯无子，死后由仲雍继位成为吴君，殁后葬于常熟乌目山，乌目山因而改名为虞山。

约前12世纪

王嘉季历之功,锡之圭瓒、秬鬯,九命为伯,既而执诸塞库。季历困而死,因谓文丁杀季历。

——《竹书纪年》

季历遭忌被杀

卧榻之侧,岂容他人酣睡?周族的强大势必引起商王朝的猜忌。所以在季历征讨四方、羽翼将丰之时,商王文丁撕下温情交好的面纱,向他举起了屠刀。

主角
季历

身份
周族首领,商朝牧师,曾获封西伯侯

主要功绩
推行仁义,发展农业生产,吸收商先进文化;
征讨周边戎狄部落,壮大周族实力

死因
因功被忌,囚禁而死

影响
商、周关系恶化;为周灭商埋下伏线

泰伯和仲雍奔吴后,季历继任为周族部落首领,称公季。季历不负众望,即位之后秉承父亲的治国之道,继续发展农业生产,推行仁义,使周族更加强大起来。

当时,商朝与周族的关系还较为融洽,加之季历的妻子是商贵族之女,所以商王武乙对季历也比较信任。季历积极吸收商朝先进文化,加强与商王朝的政治联系,同时征讨周边的戎狄部落,扩张了周族的军事实力。武乙授予他征伐大权,助他征讨四方。

在商王朝的支持下,季历又挥兵向东,歼灭了东邻的程国(今陕西咸阳东,一说在今河南洛阳东),向北则征伐义渠(今宁夏固原)及周围许多较小的戎狄部落,并活捉义渠首领献给商王。因为征战有功,季历在武乙末年往商都朝拜,得武乙赏赐土地30里、玉10车,外加战马10匹。之后,季历

季历像
季历,姬姓,周太王之少子,周文王之父。季历在位期间,内修仁义,发展农业,训练军队;外与商贵族任氏通婚,积极吸收商文化,加强政治联系。在商王朝的支持下,他对周围戎狄部落展开多次进攻,不断扩张军事实力。商王文丁时因功受封为"牧师",成为西方诸侯之长。后因权重遭忌,被文丁软禁绝食死。

葛覃亲采
出自《历朝贤后故事图册》，清焦秉贞绘，现藏于北京故宫博物院。此图人物绘的是西周文王之母、季历之妻大任亲自采摘织布原料的故事。大任是商朝末期贵族挚任氏的二女儿，她生性端正严谨、庄重诚敬，凡事合乎仁义道德才会去做。

率领大军向西征伐西落鬼戎（今山西洛城一带），俘获了鬼戎十二翟王。

到了文丁做商王时，季历领兵征伐燕京之戎（今山西汾阳），这次征讨失败了，两年后再次出兵攻打余无之戎（今山西长治西北），取得大胜。之后，他又连续破始呼之戎、翳徒之戎（以上两戎均在今山西南部）。攻克翳徒之戎时，季历俘获翳徒之戎的三位人夫，并向商王文丁献捷。文丁因此封季历为商王朝的"牧师"，即商朝西部的众诸侯之长。

通过这些征伐，季历基本上击退了来自西北游牧部落的威胁。这些部落表面上都臣服于商，实际上都归附于周族。周族势力逐渐向东发展，成为商王朝诸多方国中的强国。

眼见周族声誉显赫，有坐大之势，文丁决定遏制周族的发展。当季历再次来到商都献俘报捷时，文丁突然发难，下令将季历囚禁起来。不久，征战四方的季历便被困死于殷都。商、周关系自此恶化。

商王帝乙即位后，西南诸方国发生叛乱，为防腹背受敌，他将胞妹嫁给季历之子姬昌，希望通过联姻缓和与周族的矛盾。商、周表面上重归于好。

前12世纪

西伯曰文王，遵后稷、公刘之业，则古公、公季之法，笃仁，敬老，慈少。礼下贤者，日中不暇食以待士，士以此多归之。

——《史记·周本纪》

漫长的七年之囚

两代商帝，两代西伯，一样的囚禁，不一样的结局。功高震主，引来祸端。幸运的是，历史没有重演，逃出生天的命运转折，更加坚定了一颗兴周灭商的心。

主角
西伯姬昌

原因
广施恩德，招纳贤才，招致纣王猜忌

进谗者
崇侯虎

祸端
被囚羑里七年；痛失长子伯邑考

结果
周臣进献珍禽异兽以及美女等，将其救出

勤政施德，招纳贤才之士

季历死后，姬昌做了周国首领，并继承了父亲的爵位西伯，因此被称为西伯昌。据《史记》记载，姬昌勤于政事，谨遵后稷、公刘之业，效仿祖父古公、父亲季历之法，倡导仁政，敬老爱少，礼贤下士，使周国的社会经济继续得以发展。

在治理国家上，姬昌奉行德治，一心积善行仁，使周国政化大行。他继续发展农业生产，并划分田地，让农民来助耕公田，只交纳九分之一的税。对于商人，姬昌也很宽容，不收往来关税。允许百姓到附近的山林打猎，到河中捕捞等。总之，姬昌实行的是富民政治，即征税有节制，让百姓都有积蓄，以激发其劳动兴趣。他本人生活也十分节俭，时常穿着普通的衣服到田间劳动，受到周国上下的爱戴。

对待人才，姬昌十分爱重，其他部落包括商

周文王像
姬昌，姬姓，名昌，是周太王之孙，季历之子，周朝奠基者。其父死后，继承西伯侯之位，故称西伯昌，在位50年，是中国历史上的一代明君。

大雅·文王

文王在上，於昭於天。
周虽旧邦，其命维新。
有周不显，帝命不时。
文王陟降，在帝左右。
亹亹文王，令闻不已。
陈锡哉周，侯文王孙子。
文王孙子，本支百世。
凡周之士，不显亦世。
穆穆文王，于缉熙敬止。
假哉天命，有商孙子。
商之孙子，其丽不亿。
上帝既命，侯于周服。
上天之载，无声无臭。
仪刑文王，万邦作孚。

纣王朝的许多贤士，都纷纷前来投靠。当时，纣王已继承了商王之位，他荒淫无道，滥杀大臣，引得众臣人心惶惶。其中有一名叫辛甲的大臣，曾多次规劝纣王，但招致纣王忌恨。辛甲为避杀身之祸，离开商都，投靠了周国。姬昌闻讯，亲自出城迎接辛甲，拜为公卿，奉若神明。鬻熊与辛甲一样，也原为商朝臣子，是位有才的贤者，人称鬻熊子，曾数百次进谏纣王无果，最后无奈弃商投周，受到姬昌的重用。

此外，以打猎为业的太颠、孤竹国的公子伯夷与叔齐、闳夭、散宜生、胶鬲等当时贤士都纷纷投奔西伯姬昌。姬昌对他们皆以礼相待，量才而用。其中，有不少人才都成为后来辅佐武王伐纣的股肱之臣。一时间，"济济多士，西伯以宁"，周国出现人才济济的盛况。

崇侯进谗，遭遇牢狱之灾

就在姬昌将周国治理得蒸蒸日上之时，商王朝已日趋衰败。后来，姬昌受封三公，拥有了雍州之地（今陕西关中地区，甘、青、宁部分地区），并将势力扩展到江汉地区（今丹江、汉水流域），天下诸侯归附者众。周的强大再次引起了商王朝的不安，也引起其他一些诸侯的注意。

其中，诸侯中崇侯虎算是亲商一派，他在自己的封地（今陕西户县）听说姬昌大行仁义之道，势力

散宜生浮雕

散宜生，散氏，辅佐周文王、周武王的谋臣。与闳夭、太颠一起辅佐周文王。周文王被纣王囚禁在羑里，他们把有莘氏之女和骊戎的文马献给纣王，并且贿赂纣王的宠臣费仲。纣王将周文王释放，后散宜生和姜尚等人辅佐周武王灭掉商朝。

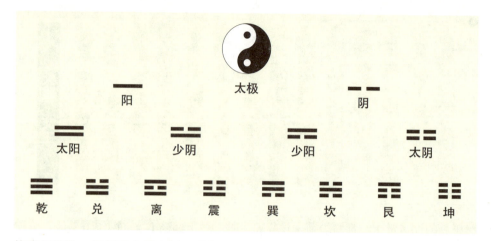

扩张得很快，便赶到商都向纣王进言，他说："西伯姬昌暗地里笼络人心，树立威信，许多贤才都投靠他，不少诸侯也归顺了他，这对大王您十分不利啊。"崇侯虎此举，一为表功，二为打击西周。纣王虽自视甚高，没怎么把西周和姬昌放在眼里，但听了这话，也觉得很有道理，于是发出命令，召西伯姬昌前来朝歌觐见。

姬昌接到纣王的诏令，不敢不来，他到了朝歌后，毕恭毕敬地拜见纣王，但还是被纣王找了个理由，关进了羑里（今河南汤阴北）。姬昌被囚禁了，他像他的父亲季历一样，遭到商王的囚禁，这一囚就是七年。

演化周易，痛食爱子之肉

相传，在上古时代，伏羲创造了先天八卦（先天易），神农创造了连山八卦（连山易），而黄帝轩辕氏创造了归藏八卦（归藏易）。姬昌精通八卦，他被囚在羑里，终日闭门待罪，无事可

《易经》符号示意图

易经的内容以"卦"组成，共有64卦。每1卦由6层组成，每1层称为"爻"。每1爻以1条长的横线"—"代表阳，称为"阳爻"；或以两条断开的横线"--"代表阴，称为"阴爻"。从最底层数起，总共有6爻，而6爻以不同的阴、阳配搭，形成64种不同的组合。6爻可以分为上半部分和下半部分，而每一部分的3个"爻"以不同的阴、阳配搭，形成多种不同的组合，称为卦。每卦代表着一种状态或过程。

做，便精心推演起八卦来。"文王拘而演周易"便是记载了这件事。经过悉心钻研，姬昌将原有的八卦规范化、条理化，演绎成八八六十四卦和三百八十四爻，并有了卦辞、爻辞。这些代表世间的万事万物，无穷无尽，内藏阴阳消息之玄机。后来，又经人推论和解读，衍生为《周易》一书。

姬昌因广施恩德，又善于占卜吉凶，被公认为"圣人"。纣王将他囚禁起来后，仍不大放心，有人进言道："姬昌的长子名叫伯邑考，大王不如将他抓来杀掉，警告姬昌。大家都传说姬昌是圣人，如果将伯邑考的肉做成馅饼，拿给他吃，若他吃了，说明他并不

是什么圣人，连自己儿子的肉也分辨不出来；若不吃，大王则好找机会问他的罪。"

纣王一听，觉得这个主意甚好。

且说姬昌被囚后，西周上下都很焦虑担忧。伯邑考作为长子，决定去朝歌面见纣王，救出父亲。可惜这个决定被事实证明了是多么的错误：死得过于凄惨。

很快，一队人提着精美的食盒来到羑里的监牢，将馅饼呈给姬昌，说是大王赏赐的食物。姬昌连忙拜谢，并一连吃了三个馅饼。来人见姬昌吃了自己儿子的肉，内心不住叹息，将实情报告给纣王。纣王听后大喜，看来传言是假的，姬昌也不过是个普通人，并不是什么善晓吉凶的圣人，于是放松了对姬昌的警惕。

实际上，姬昌在拿到馅饼之前，早从卦象上得知自己的儿子伯邑考已经死了，他痛苦万分，但不得不忍痛吃下馅饼，为的是麻痹纣王，以脱离险境，回到自己的方国。

伯邑考浮雕

姬姓，周文王与太姒的嫡长子，周武王的同母大哥，周文王被纣王囚禁后，伯邑考在殷商做人质，为纣王驾车。后纣王杀了伯邑考，将他做成了肉羹赐给周文王。

进献奇珍，方获自由之身

姬昌吃了自己儿子的肉，纣王也就不太把他放在心上。远在西周的周国大臣散宜生等人花重金购得各种珍禽异兽，有驺虞、鸡斯（传说中的神兽和神马），还有骊戎地区的良驹、有熊氏部落的骏马，以及有莘氏的美女等一起献给纣王，以求赎回姬昌。

纣王得到这些后，非常高兴。他认为得到其中一件就够了，何况这么多。他很痛快地放了姬昌，并赐其弓箭斧钺，让他负责征讨叛乱的部落等事宜。临走前，姬昌献地给纣王，换来了"炮烙之刑"的废除，赢得人心无数。

七年之后，姬昌终能安全回到周国。他回国后，更加励精图治，兴复大业，为将来伐纣打下坚实的基础。

西周前期·柉禁一组

1901年出土于凤翔府宝鸡戴家湾,现存美国纽约大都会艺术博物馆。西周祭祀礼器,共13件。中空无底的长方形台座为禁,上放各种酒器。禁上有带提梁的盛酒器卣(音有)2个,中间同样盛酒用的大尊1个,左右小瓶状饮酒器觯(音质)2个;禁下饮酒器三足爵1个,三足角1个,觯2个,盛酒器觚1个,舀酒器勺1个;禁左为温酒器斝(jiǎ),右为调酒器盉(hé)。该套柉禁十分完整,独一无二,为稀世之宝。

前11世纪末

吕尚盖尝穷困,年老矣,以渔钓奸周西伯。

——《史记·齐太公世家》

姜太公钓鱼

史上最著名的钓鱼者非姜太公莫属。一个七十多岁的老头儿,行将就木还籍籍无名,却凭借一场流传千古的垂钓钓来了一代名君周文王,不仅演绎了一段君臣佳话,也创建了一个后世强盛文化之国。

主角
吕尚

别号
姜太公、太公望

出生地
东海之滨

主要成就
辅佐周文王、武王兴周灭商;齐国始祖

后世典故
姜太公钓鱼,愿者上钩

姜太公,又名吕尚,字子牙,其先祖四岳因辅助大禹治水有功,在夏朝时被封于吕地,故又以封地为姓。在辅佐文王姬昌、助武王伐纣的过程中,姜太公可谓是首席谋臣,也是最高军事统帅,但在遇到文王之前,他一直籍籍无名,郁郁不得志。

姜太公是东海边的人,虽为贵族之后,可他出生之时,家境已经衰败,前半生生活艰难。为了谋生,姜太公当过屠夫,做过卖吃食的小贩。虽然干着普通的营生,可他志向远大,从未放弃刻苦学习,不管是天文地理、兵法谋略,还是治国之道,他一一悉心学习,期盼有朝一日能施展才华。

可直到七十岁,姜太公还是一事无成,在家闲散度日。他的妻子甚至嫌他穷,最终不堪忍受,离他而去。姜太公一点儿也不着急,气定神闲地在渭水之滨,支起钓竿钓起了鱼,似乎料定自己的人生不会这么平

姜太公像
姜太公,商朝末年人,其始祖四岳佐大禹治水有功而被封于吕地,因此得吕氏,齐文化的创始人,亦是中国古代的一位影响久远的杰出的韬略家、军事家与政治家。历代典籍都公认他的历史地位,儒、道、法、兵、纵横诸家皆追他为本家人物,被尊为"百家宗师"。

平淡淡地结束。

他钓鱼的方式十分与众不同,鱼钩不是弯的,而是直的,而且没有鱼饵。一个樵夫路过此处,看到他如此奇怪的钓鱼方法,不禁嘲笑起来:"你这直钩能钓上鱼?像你这样钓鱼,我看是一百年都钓不上一条来。"

姜太公不以为意,淡淡一笑:"曲中取鱼算什么本事,宁愿直中取,不向曲中求。"

"你这人老糊涂了吧。"樵夫摇摇头,转身离开了。

姜太公悠悠地道:"我钓的不是鱼,钓的是王侯。"

让人大跌眼镜的是,姜太公真的"钓"到了周文王姬昌。姬昌自从摆脱囚禁,回到周国后,便暗下决心讨伐商纣,所以迫切需要合适的人才辅助他成就大业。相传,一天晚上,姬昌忽然做了一个梦,梦到天帝带着一个人来,说此人可以辅助他兴周灭纣。姬昌醒后大惊,对梦中的情景念念不忘。于是,他借着打猎的名义,带着随行人员出宫寻访贤才。当一行人来到渭水边上时,听说这里有个用直钩钓鱼的怪老头,姬昌心中暗自称奇,便让众人在远处等候,自己单独到河边拜访。

姬昌见了姜太公,恭敬地向他询问天下大事。交谈之后,姬昌深深被姜太公的才能所折服,他握住姜太公的手说道:"周国先君太公早就说过,一定会有圣人来辅助我周国,他说的就是您吧?我终于找到您了,您让我们太公盼

渭滨垂钓图
明戴进绘,绢本设色,现藏于中国台北"故宫博物院"。描绘的是周文王拜访在渭水边隐居垂钓的姜太公,邀请他入朝辅政的故事。画面上,高耸如屏的山峦、随风飘荡的柳树和环绕河堤周围的岩石,建构了人物活动的舞台,在群树、河堤和山峦之间弥漫云雾。地上的豹皮、钓具点出主人翁姜太公渔隐的生活,他与周文王两人拱手交谈,站立于画面中央,成为焦点。周文王的侍骑五人,则隐蔽在树丛右侧,耐心地等待着这历史性时刻的来临。

望得好久。"

于是,"太公望"便成了姜太公的另一个别名。姬昌立即让人用车将姜太公载进王宫,聘请他为自己的宰相。后来,姜太公果然不负所望,辅佐文王、武王建功立业,兴国安邦。

> 前11世纪中期

天乃大命文王。

——《尚书·康诰》

西伯昌称王

商纣王放虎归山，周文王抓住有利时机，迅速扩张自己周国的实力，直至三分天下占据其二。"天命"这面大旗不再属于商纣，那些没有认清历史之路、站错了队的诸侯国，不可避免地为商王朝做了陪葬。

背景
为各诸侯断讼，解决纠纷

辅佐人物
姜太公

攻伐对象
犬戎、密须、耆国、邗国、崇国

纣王态度
不以为意

扩张版图面积
占据天下三分之二

主要成就
奠定了周国的领导地位，为武王灭商提供了有利时机

西周早期·青铜曲折雷纹卣
圆形盖钮，平滑提梁，梁的两端铸有带犄角的兽头。腹扁体下垂，高圈足，通体饰精美的曲折雷纹。

仲裁纠纷，受拥称王

姬昌广施德政，自羑里被囚归国后，威名更甚。他又进一步联合西部附近的各氏族部落，以对抗商王朝。当时各部落之间发生了纠纷，都要到姬昌那里请求仲裁。据《史记》记载，时有虞国与芮国发生矛盾，闹得不可开交，因为争执不下最终决定请姬昌仲裁此事。等他们到了周国，看到周国人都谦让有礼，长幼有序，非常惭愧，其中一人感叹道："我们所争抢的，是周人所不齿的，为何还要前去请仲裁呢？去了不过自取其辱罢了。"于是，他们相互礼让而去。诸侯之间听说了这件事，都说："西伯恐怕就是那承受天命的君王。"以后凡有矛盾纠纷都要来请姬昌评断。

从此事可看出，姬昌已为天下诸侯的道德楷模，并

文王爱莲

天津杨柳青木版古年画。世传周文王养育百子，并最喜莲花，有"文王爱莲""文王百子"之说，且莲蓬多子，"莲"又与"连"同音，故有"连生""多子"的寓意，均寄寓着后代子孙兴旺的理想。

且其实力已远不是一个普通的诸侯可比。姬昌解决虞、芮两国的纠纷是一个标志性事件，周人将这一年称为西伯受命元年。周边各诸侯纷纷拥戴，于是西伯姬昌始称王，史称周文王。

开疆拓土，讨伐崇国

文王姬昌得到姜太公的辅助后，进一步筹划推翻商纣王的政权。对外联络各个诸侯国，收归己有；对内安抚民心，提高生产，训练军队。当国力增强，周国便开始了开疆拓土的征伐战争。首先，文王指挥军队攻灭了犬戎部落，巩固了后方。次年伐密须国（今甘肃安定），下一年又向东伐耆国（即黎国，今山西黎城），使虞、质、豳一带得到了巩固。商王朝的王臣祖伊听说了姬昌的一系列军事行动，十分恐慌，急忙把这些情况报告给商纣王，纣王却不以为意地说："我不才是承奉天命的人吗？他又能成什么事呢？"一句话，商纣王似乎不太把姬昌放在心上。当时商王朝正全力对付东南地区东夷各部落的叛离，无暇理会西北地区的周国各部落。

所以，文王几乎未受到任何阻碍，继续征伐大业，又出兵打败了邘国（今河南沁阳）。最后，文王决定讨伐崇国（今陕西鄠邑区）。崇国位于周国东境，是四大诸侯国之一，当时依附于商王朝，具有很强的势力。其首领崇侯虎曾向纣王进谗，致使姬昌遭受七年牢狱之灾。不得不说，崇侯虎站错了队，终于到了该付出代价的时刻。

要拔除这颗钉并非易事，文王在出兵攻打崇国之前先发动了政治舆论攻

寝门视膳

清康熙二十年（1681年）承宣堂刊本《圣谕像解》插图。"寝门视膳"讲的是商朝末年，周文王为世子时，他特别孝顺父母，每天三次去陪侍父母，早晨公鸡刚打鸣就穿好衣服到父母的寝门外，问侍从昨日父母的就寝情况，然后陪父母用早餐，在席间他问父母寒暖情况，饭后问饮食情况。

势，对外宣告："崇侯虎对上谄媚国君，对下不敬长老、不怜弱小，分配不均，导致百姓缺衣少食。今出兵讨伐，替天行道。"师出有名，周国大军顺利开到崇国，双方展开激战。但崇国城池坚固，周军攻了三年都没有攻下。

既然不能力夺，那就智取吧。一日，被周军久困于城内的崇侯虎得报，密须国国君亲带3000精兵，以及数千马匹、牛羊还有金银珠宝前来结盟。崇侯虎闻之大喜，若能与密须结盟，必能打退周军。于是，他急忙出城迎接，不过为防有诈，他只让密须国君带领1000人进城。

密须国君说自己的两个儿子被姬昌抓了，此次前来结盟，是希望崇侯虎能帮忙救出他的儿子。崇侯虎不疑有他，放心让密须国君在城内住下来。几天后的夜里，周军叫阵，崇侯虎率军出城迎战，正在酣战间，不料城内忽然四处起火，密须国君带兵从城内杀出来。崇侯虎腹背受敌，很快战败，崇国最终被破。原来，密须国君前来投诚结盟，不过是姜太公使的里应外合之计。先前，周军攻伐密须，抓了密须国君的儿子，密须国早已归顺周国。当崇侯虎得知真相，已经悔之晚矣。

攻破崇国后，文王姬昌率军进入城内，百姓皆闻姬昌之德，毫无失国之痛，纷纷夹道欢迎。姬昌也终雪前耻，报了崇侯虎进谗的那"一箭之仇"。

迁都于丰，营建奴隶制国家

崇国是大诸侯国，实力强，地盘大，文王姬昌兼并了崇国之后，势力扩展到了西南方，逼近商朝京畿之地，天下三分，有其二已纳入周国的版图内。之后，在姜太公的建议下，文王将都城从周原迁到丰地（今陕西沣河西岸），进一步巩固了自己的根基，形成进取殷商之势。

文王在四方征伐的同时，不忘努力发展本国经济，提高生产力。在农业上，文王继续推行"九一而助"的政策，即农民耕公田，只纳九分之一的税，极大地提高了生产积极性。不过，当时并没有出现土地私有，公社组织尚存，主要生产者是公社农民而不是奴隶，这是早期奴隶制的特点。但奴隶已经大量出现，并作为劳动力而存在。文王曾发布"有亡，荒阅"的律令，规定有奴隶逃亡就广泛搜捕，交还原奴隶主。可见，那个时期已经有了奴隶使用，奴隶是奴隶主的私有财产。

在文王时期，周国已经有了青铜武器，青铜武器的出现，侧面反映了周国有着很强的经济基础。

此外，从出土的甲骨文中可考证得知，在文王时期，周国已有了较为成熟的文字，与殷商文字是同步发展的。

综上所述，文王时期的周国，占据了天下三分之二的土地，并且已经有了金属工具和先进文字，社会经济发展，阶级关系也在四方征伐中发生着急剧变化，已逐渐形成了奴隶制国家。

周国取代殷商，已是大势所趋，历史的必然。

《历朝贤后故事图册》之麟趾贻休
清焦秉贞绘，现藏于北京故宫博物院。图中有松下麒麟、太姒和五名侍女，"麟之趾，振振公子，于嗟麟兮。麟之定，振振公姓，于嗟麟兮。麟之角，振振公族，于嗟麟兮。"诗人用麟之趾来称颂太姒的仁厚之德，麒麟的性情是仁厚的，所以它的脚也是仁厚的。周文王的后妃太姒是仁厚的，所以她和她的儿子周武王就如同麒麟和麒麟脚一样，也是仁厚的。

▶ 前1046年

二月甲子昧爽，武王朝至于商郊牧野，乃誓。……帝纣闻武王来，亦发兵七十万人距武王。

——《史记·周本纪》

牧野决战

这是一场先发制人、以少胜多的著名战例。周武王与其他各路诸侯一起策划了这场战争，可以说"蓄谋已久"，终于在牧野与纣王一决雌雄。最终，纣王自焚于鹿台，大周朝翻开了历史新的篇章。

交战双方
周：周、庸、卢等8国方国联军
商：商、太昊、少昊等诸侯联军

参战兵力
周：战车300辆、木甲伐兵2万人；铁骑精锐兵3万人
商：史称约70万人

伤亡情况
周：约2万人
商：史称亡18万人，俘33万人

结果
纣王自焚，商朝灭亡

西周·盘

文王逝世，武王继立

文王末年，姬昌先后伐犬戎、密须、耆国、邘国、崇国，这几场战争的胜利，基本切断了商朝同西部各方国的联系。攻破崇国后，他又将都城迁到了丰地，使国都不再受犬戎的侵扰，并有利于向东进兵。至此，姬昌已基本完成了伐商的战略部署。

不要以为周与商的表面关系发展到了剑拔弩张的地步，实际上文王对商朝仍然小心翼翼，即使他已对内称王，但仍向商朝殷勤纳贡，甚至在自己周国的祠堂里还祭祀了商朝先王，以此来麻痹纣王。姬昌深谙时势变化之道，明白现在还不是出兵的最佳时机，所以小心谨慎，避免招致殷商的全力打压。

在四处征伐的同时，文王还注重舆论宣传和舆论导向，商纣王一直相信天命所归，姬昌便说"天命无常，唯德是辅"，让人四处传说商王无德，西伯有德，所以天命已转移到西周这里。可以

《牧野之战》绘画

说，对于伐商大业，文王在军事战争与意识形态方面都做足了功课，只待给摇摇欲坠的商王朝以最后致命的一击。

但文王没有等到那个时刻，他年事已高，多年的劳碌也让他的身体每况愈下。前1056年，姬昌去世，谥号"文"。他的儿子姬发继位为王，就是周武王。武王从父亲手中接过伐商大旗，继续完成祖辈、父辈未竟的事业。

观兵盟津，以探虚实

武王即位后，像父亲文王一样，对姜太公十分尊重，奉为长辈，向他征询伐商大计。即位第一年，武王继续利用商王朝无暇西顾的良机向东扩张，又将都城从丰地（即沣水西岸）迁到了镐京（即沣水东岸），这样更利于向商朝进军了。

前1048年，武王在黄河渡口的盟津（今河南孟津）举行了一次观兵活动，史称"盟津观兵"，实际上就是一次大规模的军事演习。在观兵典礼上，武王仍自称"太子发"，而将文王的灵位放在战车上，以此激发士兵们的斗志。《史记》中记载，"不期而会盟津者八百诸侯"。意思是说，武王盟津观兵时，不期有八百诸侯前来相会，纷纷响应这次演习。实际上可能不是"不期而会"，据甲骨文所揭示，应是周国与其他诸侯早有出兵联络，参与者多为关中与江汉间的羌、戎等各诸侯国。

总之，在这次阅兵典礼上，群情激愤，各诸侯国对商王朝怀怨已久，在周武王的领导下，纷纷立下盟誓，共举伐商大业。因为观兵是在孟津，因此孟津也被称为盟津。此次观兵，实是武王对敌我双方力量的一次试探,因见殷商王朝内部尚无隙可乘,遂还师。虽然时机尚未成熟,但这次观兵也起到很好的宣传作用,亦为日后伐商拉开了序幕。

与此同时,商王朝内部正发生着激烈的内耗斗争。纣王杀了自己的王叔比干,还囚禁了箕子,另外微子也逃离商都,殷失三仁。一些殷商贵族不得已投奔了周国,同时带来了不少商朝内部的机密情报,这为武王伐纣提供了有利的条件。

制定战略,誓师牧野

前1046年,周武王觉得时机已经成熟,遂决定出兵伐商,并通知在盟津会盟的各国诸侯一起出兵。在姜太公的辅助下,周国制定了伐商战略:趁商朝主力军队仍在应付东南地区的叛乱之时,以精锐部队迅速深入王畿重地,击溃商都朝歌的守军,然后占领商王朝的政治中心,瓦解其政权,再各个击破其残余势力。

这次出征,周军共出动了战车300辆,勇士3000人,以及步兵数万人,组成了一支强大的精锐部队。大军来到盟津,与庸、卢、彭、濮、蜀、羌、微、髳(máo)等部族会合,共组成联军5万人。联军冒雨东进,渡过黄河,又兼程北上,再向东行,最后来到朝歌城外的牧野(今河南淇县以南卫河以北)。牧野距朝歌仅70里,东临黄河,西靠太行山,北面则是一马平川,可以说是朝歌的南大门。联军过了牧野,就可直捣朝歌。

牧野决战之前,武王再次在阵前誓师:"西方来的将士们,你们辛苦了!请举起你们的矛,拿好你们的盾,我们一起宣誓:古人说,母鸡司晨,那是家中的不幸。现在纣王只听妇人之

姜太公指挥牧野之战图

言,无视祖宗法制,不重用自己的王族兄弟,反而信任那些犯罪的小人,让他们扰乱国家,百姓遭殃。今天,我姬发要执行上天的命令,去惩罚纣王!……将士们,你们要像虎、熊一样凶猛冲向牧野,前进吧,努力吧!"

武王的誓词令联军士气大振,这篇《牧誓》也被后人整理后收于《尚书》中,与其他两篇誓词,称为《泰誓》三篇。

> **泰誓**
>
> 今殷王纣乃用其妇人之言,自绝于天,毁坏其三正,离逷其王父母弟,乃断弃其先祖之乐,乃为淫声,用变乱正声,怡说妇人。故今予发维共行天罚。勉哉夫子,不可再,不可三!
>
> ——《史记·周本纪》

奴隶倒戈,追剿残部

不得不说,武王的这种阵前鼓舞非常有效,联军将士们个个摩拳擦掌,准备与商军决一死战。不过,当他们看清远方前来阻截的商军阵形时却着实吓了一跳,只见商军一面面旗帜飞扬,一望无际,几乎要排到天边。这阵仗和人数要远远超过武王率领的联军,如何能取胜?

原来,纣王接到周武王率兵打到牧野的战报,的确有些慌乱,商朝的精锐部队都在东南地区镇压东夷各部的叛乱,朝歌城内没有足够的精兵和战车。于是他慌忙组织了大批的奴隶和战俘,让他们武装起来,连同守城的军队,足有70万之众(一说17万),一起开赴牧野迎战。《诗经》中载,"殷商之旅,其会如林"。总之,赶来迎战的商军遮天蔽日,一时间震慑住了联军。

但以武王和姜太公为首的联军并没有退缩,首先由姜太公率领数百名精兵上前挑战,瞬间冲乱了商军的阵法。然后,武王又亲率主力部队跟进冲杀,彻底打乱了敌方的阵形。那些临时拼凑起来的奴隶和战俘根本无心应战,混战刚开始,他们就纷纷阵前倒戈,将矛头对准纣王的亲信部队。一时间,战场上混乱不堪,联军有条不紊地推进、厮杀,商军却自乱阵脚,压不住四处逃窜与阵前倒戈的人潮,所谓70万大军土崩瓦解。很快,胜负已定。

纣王见大势已去,狼狈逃回朝歌,在鹿台自焚而死。武王率军进入朝歌,占领了商朝的政治中心,基本完成了既定的战略计划。但战争还没有结束,联军马上又兵分几路,向东南方进发,去征讨商朝残余部队和那些仍追随于商的方国。又经过激烈的战斗,大约两个月后,主要的对抗势力被消灭。

灭商后,周武王正式建立了周朝,史称西周。他在牧野建立了周朝祭室,奠定了周朝百年的大业。

约前11世纪

周公兼制天下,立七十一国,姬姓独居五十三人。

——《荀子·儒效篇》

周武王分封诸侯

"小邦周"打败了"大邑商"后,新生的周王朝仍面临着诸多殷商遗民的抵触与反叛。如何化解对抗,迅速安定天下?周武王采用分封建邦来巩固政权,安抚各方势力,重建了一个新的奴隶制王朝。

分封者
周武王

分封对象
周王室子弟、功臣、先贤后人及殷纣王室后代

分封目的
建立屏藩,护卫王室

后续
周公进行二次分封

分封意义
周王室掌控天下大局,奠定数百年基业的基础

实际上,文王在位时期,周国已经开始分封诸侯了。武王灭商后,国家版图骤然增大,面对殷商留下来的土地、财产、人口、官吏、军队以及各属国,如何治理才能让四方咸服、国家长治久安呢?武王与姜太公等人商议后,决定仍沿用分封制。分封诸侯,可以建立屏障,护卫王室,同时又可以安抚各族,稳定政局,并加强边防。

分封,说白了就是封邦建国,在王朝境内分建出一个个听命于周天子又相对独立的小王国,代表中央管理地方,加强统治。诸侯受封,要举行必要的册封仪式,天子颁布册命,授予其封地和相应的人口,宣布其封疆范围、土地数量,同时赐予奴隶、礼器和仪仗等。诸侯获得代表天子治理封国的权力,同时承担一定的义务,要定期向周王室朝贺,交纳贡赋,随周王出征、戍边,参加王室大型祭祀活动等。天子对诸侯有赏罚之权,亦有随时收回封国的权力。

周初的分封对象有王室成员、异姓功臣以及历代先王圣贤的后人。此外,还有商纣王的子孙。武王攻陷商都朝歌之

周武王像

西周·青铜饰件（一组）
此组青铜饰件含铜龙纹马饰、铜铺首件、铜兽面及铜马饰配件各1件，是西周青铜文化深入日常生活的一种反映。

后，并没有占据殷都，而是将纣王的儿子武庚封在那里，准许他在故地统治殷商的遗老遗少。这当然是怀柔政策，目的是尽快平定反对势力，最大限度地安抚百姓，也体现出新天子的宽容胸怀。

武王分封，以王室子弟为主，他虽将殷商旧都封给纣王之子，同时也将殷都周围王畿重地分为邶、鄘、卫三个封国，分别封给自己的弟弟管叔、蔡叔、霍叔去统治，为的就是监视武庚，史上称之为三监。另外，武王还将弟弟周公封于曲阜，称鲁国；弟弟召公封于燕（今北京一带），称燕国。

功臣宿将首推姜太公。武王将姜太公封于营丘（今山东临淄北），称齐国。营丘是商王朝盟邦薄姑的旧地，那里仍存在反周势力，武王将姜太公封在这里，目的是以他的威望镇抚薄姑百

伯夷和叔齐

伯夷和叔齐本是商朝孤竹国国君的两个儿子，伯夷为长子，叔齐为三子。因孤竹国国君想立叔齐为君，结果兄弟俩相互谦让，先后离开孤竹国。他们半世漂泊，直到晚年才兄弟相逢，听说周文王贤德，伯夷和叔齐决定投奔文王。但等他们赶到周国时，周文王已经去世了，正碰上武王载着父亲的灵位去讨伐商纣。兄弟俩见此情景，拦住武王的马头，希望武王能回去安葬父亲，而不是兴兵谋反。他们一生恪守忠义孝道，不能理解武王的行为。

后来，商朝灭亡，天下成为周朝的天下，伯夷和叔齐隐居首阳山（位于今甘肃渭源东南），靠采集山上的野薇（一种野菜）为食，发誓不再吃周朝一粒粟，以示与周划清界限。后来，伯夷、叔齐饿死在首阳山上，虽然他们忠于商朝有些迂腐，但其气节仍值得后人敬重。

姓，并授予他征讨反叛周王室的诸侯的权力。

古代先贤的后代也得到了分封，如"封神农之后于焦，黄帝之后于祝，帝尧之后于蓟，帝舜之后于陈，大禹之后于杞"。但这类封国都是象征性的，一般都较小，仅表示周王朝对圣贤的尊重而已，不在周代的政治生活中发挥大作用。

分封结束后，各国诸侯大都离开前往封地。周公和召公为政治需要，先让自己的儿子前去封国就封，自己则留下来辅佐武王。这一次分封，使周王朝基本掌控了天下大局，但分封是不彻底的，也有不少地方未被收服，后来武王去世，爆发了三监之乱。周公平定叛乱后，再次进行分封，共封71国，其中有53国为姬姓，也就是说王室子弟占了分封诸侯的绝大多数。周王朝通过两次分封，终于安定四方，奠定了王朝兴盛的基础。

采薇图

宋李唐绘，现藏于北京故宫博物院。以殷末伯夷、叔齐"不食周粟"的故事为蓝本，图中描绘了周武王夺取政权后，天下改"周"，孤竹国因让位而逃入民间的伯夷、叔齐两兄弟，为表明对殷商的忠心，他们隐居在原殷商荒芜之地首阳山，以树皮、蕨菜为食，不再吃从周朝土地上收获的粮食。伯夷双手抱膝，目光炯然，显得坚定沉着；叔齐则上身前倾，表示愿意相随。最后双双饿死在山里。宋时李唐以此为题，对那些苟且偷安、奴颜事敌的北宋臣子们进行辛辣讽刺。

> ▶ 约前1044年

武王已克殷，后二年，问箕子殷所以亡。箕子不忍言殷恶，以存亡宜告。武王亦丑，故问以天道。

——《史记·周本纪》

箕子献《洪范》

在商、周政权交替的历史大动荡时期，身为殷商王族的箕子注定是个悲情人物，其道不得行，其志不得遂。但仁者爱人，心怀天下，他将治国之道《洪范》献于武王，随后东渡朝鲜，在那里开辟了一个东方君子国。

背景
周朝建立后，武王求贤若渴，四处寻访箕子

拒绝出仕
殷商王族，不愿为周朝顺民

回报方式
授武王以《洪范·九畴》

主要成就
东渡朝鲜，建立箕子王朝

西周·兽面纹马冠
古代系在马额上的饰件。青铜质，饰大兽面，边缘多有孔穿，用以穿系缚扎。兽面纹马冠主要流行于西周早期。

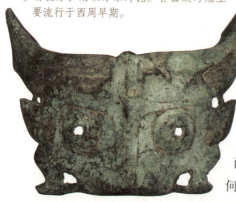

武王求贤访箕子

箕子，名胥余，是商纣王的叔父，殷商"三仁"之一，因封地在箕（今山西太谷东北）而被称为箕子。商纣王暴虐无道，箕子苦谏不听，索性装疯卖傻，背地里鼓琴，作"箕子操"而发泄心中悲愤。纣王将他囚禁起来，贬为奴隶，直到周军攻入朝歌时，他才被释放，趁乱逃出来。箕子逃往箕山（今山西晋城境内的棋子山），在那里过起了隐居生活。闲暇时，他经常观测天象，利用黑白石子摆卦占卜，参悟星象运行、天地四时、阴阳五行、万物变化之道。

周武王灭商后，求贤若渴，访道太行时在陵川（今山西东南一带，太行山南端）找到了箕子，向他请教治国安邦的道理。一开始，武王问箕子殷商灭亡的原因，箕子缄默不语，虽然他内心对纣王有诸多不满，但身为殷商贵族，他不愿在他人面前指责自己的君主，讲母国的坏话。何况纣王已死，殷商已灭，多说无益。武王也觉得自己失言了，转而询问怎样顺应天命来治理当下的国家。

箕子被称为"三仁"之一，不仅在于他对殷商王朝忠心耿耿，更因为他是一位大学问家、大思想家，之前侍奉昏君商纣，无法逃避，不得已才隐藏了自己的聪明才智，佯装疯癫。而仁者爱人，兼济天下。如今箕子见武王态度谦卑，言辞恳切，不禁被武王的诚意打动，遂将大禹传下的治国之道《洪范》陈述给武王听，并讲了自己所研究的天人关系等学问，史称箕子明夷。夷者，伤也。明夷，即显露出曾受伤的光明、智慧。

武王听了箕子的言论，敬佩万分，想重用箕子，请他帮助自己治理国事，但箕子摇头说："殷商灭亡了，我不会做新王朝的臣子。"一句话，他固然明白天道循环不可违背，但仍不愿做周的顺民。武王无奈，只好离去了。

《洪范》九畴，治国之道

箕子虽未做周的臣仆顺民，但留下《洪范》与武王，实是对周王朝的一大贡献。相传，《洪范》是夏禹传下的治国之道，提出治国安邦需遵循九条法则：一曰五行，二曰敬用五事，三

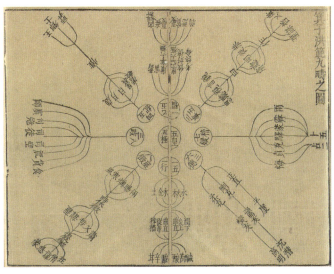

箕子《洪范》九畴之图

曰农用八政，四曰协用五纪，五曰建用皇极，六曰乂用三德，七曰明用稽疑，八曰念用庶征，九曰飨用五福，威用六极。

其中第一条"五行"，即"水、火、木、金、土"。五行各有属性，水为润下，火为炎上，木为曲直，金为从革，土为稼穑；五行亦与五味相连，润下作咸，炎上作苦，曲直作酸，从革作辛，稼穑作甘。这里不仅用五行将天地万物进行了分类，而且对每类事物的性质与特征都做了界定。五行学说广泛应用于占卜、相术、堪舆、命理等方面，是商周时代以及后世不可缺少的一种普

麦秀歌

麦秀渐渐兮，
禾黍油油。
彼狡童兮，
不与我好兮。

——箕子

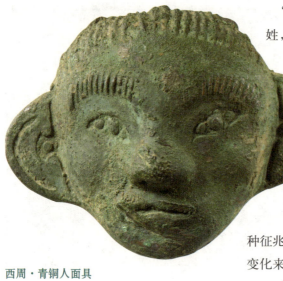

西周·青铜人面具

人面浓眉俏眼，隆鼻秀口，阔耳，圆润的下巴，束发，似为一女性像。在巫术盛行的古代，青铜面具是沟通神灵的媒介。

通理论。

"敬用五事"，即做好貌、言、视、听、思这五方面的事。态度要严肃恭谨，恭敬方不易出错；说话要和顺，和顺才能顺利成事；看事情要清楚，清楚认知方能辨别是非；听事情要聪敏，聪敏谋事就能成功；思虑要通达，通达方能圣明。

"农用八政"，即处理好八种政务，包括管理民食、财货、祭祀、建筑、教育、司法，接待宾客，治理军务。

"协用五纪"，即协调使用五种计时，做事与岁、月、日、星辰、历数协调一致。

"建用皇极"，即树立皇极的威信，并制定遴选官员和赏罚的标准与法则。

"义用三德"，即用三德管理百姓，治民要以正直为本，同时刚柔并济。

"明用稽疑"，指明智地使用占卜来解疑答惑，即通过占卜探询上天的旨意，结合群臣、百姓和自己的意见来做出明智的判断和决定。

"念用庶征"，即细致地研究各种征兆，通过阴晴、寒暖、雨风等气候变化来判断年景和收成。

"飨用五福，威用六极"，即用五福（寿、富、康宁、好德、善终）来劝勉臣民向善，用六极"夭折、多病、忧愁、贫穷、丑恶、懦弱"来警戒和劝阻臣民作恶。

《洪范》中所论述的五行学说、天人感应以及王道学说等都具有开创意义，它作为统治大法，备受历代统治者推崇。可以说，《洪范》九畴奠定了古代中国王权统治的政治哲学基础。周朝得《洪范》，其中所述的"王道"，对后来周公辅政所施的"德政"以及孔子提倡的"仁政"，都有直接的影响。

箕子开发朝鲜

且说武王走后，箕子怕武王再来请，便立即带领随从和一大批殷商故旧离开箕山，东渡到朝鲜半岛。

箕子来到朝鲜，在那里带人建筑房屋，开垦农田，养蚕织布，烧陶编竹，使原来只以渔猎为生的朝鲜半岛焕发了无限生机。后来，武王得知箕子远避朝堂，去了朝鲜，便派人到朝鲜封箕子为朝鲜侯，不把他当臣子看待。

箕子在朝鲜建立了箕氏王朝，把故国的先进文化也传播到这里。他带去了懂诗书、礼乐、医药、阴阳、巫术的知识分子以及各种能工巧匠，教化朝鲜当地百姓习学礼法制度、医药问卜等，使他们的饮食起居逐渐沿袭中国的习俗。

在政治上，他建立衙门官制，推行八条殷商法律，禁止杀人、伤人、盗窃，使百姓不淫不盗；经济上则采用殷商使用的田亩制度，推广中原先进的耕作、养殖技术，使朝鲜的农业迅速发展。不论是中国的文献还是朝鲜的史书，都记载了箕子开发朝鲜的事迹。据朝鲜古籍《东史纲目》记载，箕子治理朝鲜不到三年，当地民风大变，没有了盗贼、奸淫之事，家家夜不闭户，百姓崇尚节俭，相处和睦，社会安定，人称朝鲜为"东方君子国"。

相传十三载后，箕子思念故国，返回中原。当看到殷商旧都面目全非，原来的宫室残破不堪，有的地方已种上庄稼时，箕子难掩亡国之痛而作《麦秀歌》。其诗曰："麦秀渐渐兮，禾黍油油。彼狡童兮，不与我好兮！""狡童"暗指纣王，言纣王不听劝告，方落得今日这般田地。那些殷商遗民听了这首《麦秀歌》，皆痛哭流涕。而年老的箕子，作为殷商王族，也只能借诗歌来表达心中的悲愤。

箕子朝鲜后续

箕子带着商代的礼仪和制度到了朝鲜半岛北部后，被那里的人民推举为国君，创立了箕氏侯国。箕子朝鲜的历史延续千余年，直到西汉被燕国人卫满所灭，建立了卫满朝鲜。据《史记·朝鲜列传》记载：西汉初年，燕人卫满率众东渡投靠箕子朝鲜，当时的箕子朝鲜君主箕准不但拜卫满为博士，还封了数百里的土地给他，后来卫满夺取王位，建立了卫氏王朝，建都王俭城（今平壤）。吕后当权时，卫满曾经与汉朝的辽东太守约定，称为汉朝的"外臣"。卫满传国三代，至孙子右渠王。汉武帝元封二年（前109年），汉朝使者涉何与右渠王反目，涉何杀死朝鲜的裨王长，右渠王派兵杀死涉何。于是，两国间爆发战争。元封三年，在汉朝大军压境的情况下，尼相参杀了右渠王投降。卫氏朝鲜灭后，汉武帝于是把朝鲜地区划分为四郡：乐浪、临屯、玄菟、真番，并封右渠王的儿子长降以及尼相参等人为侯。

> 前1042年—前1036年

成王少，周初定天下，周公恐诸侯畔周，公乃摄行政当国。

——《史记·周本纪》

周公摄政

国弱君幼，为稳定局势，周公当仁不让，一肩挑起了治国的重担。之后平叛乱、封诸侯、建东都、制礼乐，一手将摇摇摆摆的周王朝扶上平稳发展之路。还政于成王，正式确立了周王朝的嫡长子继承制，为周朝八百年的统治奠定了基础。

背景
武王早逝，成王年幼，新生的西周政权极不稳定

负面影响
引起管叔、蔡叔等兄弟不满，爆发管蔡之乱

主要政绩
平定叛乱、东征、分封诸侯、营建东都、制礼作乐

主要帮手
召公、姜太公

传世典故
周公吐哺，天下归心

平定管蔡之乱

周武王灭商之后，因为立国未稳，强敌环伺，日夜为国事忧虑，两年后便不幸病逝。之后，武王的儿子成王即位，因为年幼，由周公辅政。

周公，名旦，是文王的第四个儿子，武王的同母弟弟，因采邑在周（今陕西宝鸡东北），爵为上公，而被称为周公。在兴周灭商的过程中，周公一直是辅佐父兄夺取政权最为得力的帮手，与武王感情深厚。因此，武王在逝世之前，将辅政大权交予周公之手。

因为天下初定，成王又年幼，周公怕诸侯生反叛之心，于是亲自摄政，治理天下。但周公此举引起了管叔、蔡叔等兄弟的猜疑和不满，认为

周公像
周公，姬姓名旦，是周文王姬昌第四子，周武王姬发的弟弟，曾两次辅佐周武王东伐纣王，并制作礼乐。因其采邑在周，爵为上公，故称周公。周公是西周初期杰出的政治家、军事家、思想家、教育家，被尊为"元圣"和儒学先驱。周公一生的功绩被《尚书·大传》概括为："一年救乱，二年克殷，三年践奄，四年建侯卫，五年营成周，六年制礼乐，七年致政成王。"

周公僭越，有取代成王之心。武王在灭商之初，将殷商故地封给纣王的儿子武庚，又安排自己的弟弟管叔、蔡叔、霍叔分别驻守殷都周围的卫（朝歌以北）、鄘（朝歌以南）、邶（朝歌以东）三个封区，以监督殷商遗民，防其叛乱，称为"三监"。所以，三监地位非比寻常。如今，周公摄政，周都城镐京距离三监封地又远，消息闭塞，彼此之间缺乏沟通，难免产生误会和嫌隙。管、蔡二人说周公"将不利孺子"，意思是对成王不利，随后流言四起，双方矛盾加深。

而在殷商旧都的武庚本就不服周王朝的统治，早有复国之心。于是，管叔、蔡叔、霍叔很快与武庚勾连在一起，发动了叛乱。武庚又联合原东夷部落的徐、奄、薄姑等方国的势力，共同叛周，形势愈演愈烈，严重威胁了周王朝的安全。

面对不利的局面，周公首先团结了召公和姜太公，告诉他们自己是为了稳定周朝大业，才会代行王事，而非觊觎天子之位。这样，避免了不必要的误会，也解决了后顾之忧。之后，周公奉成王之命，亲率大军，毅然东征平叛。经过艰苦卓绝的厮杀，周公平定了三监叛乱，后诛杀武庚、管叔，流放蔡叔，将霍叔贬为庶民。

国风·破斧

既破我斧，又缺我斨。周公东征，四国是皇。哀我人斯，亦孔之将。

既破我斧，又缺我锜。周公东征，四国是吪。哀我人斯，亦孔之嘉。

既破我斧，又缺我銶。周公东征，四国是遒。哀我人斯，亦孔之休。

——《诗经》

叛乱平定之后，周公又乘胜继续向东进军，历时三年时间，灭掉了奄（今山东曲阜）等50多个诸侯，将周的势力发展到海边。武王灭商只是打击了商王朝的核心力量，直到周公东征才彻底扫清了它的外围势力，真正建立起东至大海、南至淮河、北至辽东的泱泱大国。

西周·周公东征方鼎
又名丰白鼎，现藏美国旧金山亚洲艺术馆。器壁及器底刻有铭文35字，记述了周公东征征服东土四国获胜回归后在周庙进行的祭祀活动。

予其明农图

出自清光绪孙家鼐《钦定书经图说》插图，表现周公辅助周成王治理国家时，对成王劝勉农业的场景。

分陕而治，二次分封

平叛之后，面对很不稳定的西周天下，周公和弟弟召公决定分陕而治。"陕"即今河南三门峡一带，以陕塬（今河南陕县以西）为分界线，把西周王朝的统治版图划分为东、西两大行政区，由周公和召公分头治理。召公名姬奭，亦为西周开国重臣，武王死后，为成王之太保，执政深受贵族和平民爱戴。

周公与召公在陕塬立了一根高达3.5米的石柱为界，周公管理陕之东，召公则管理陕之西（古籍所称陕西，均指陕塬以西的地区。陕西之得名，即渊源于此）。分陕之后，周公主要致力于消灭殷商遗民的反叛势力，稳定东部新拓展的领地。而召公则着力于开发黄河中游地区的农业生产，建立强大的经济后盾，为周王朝的开疆拓土解除后顾之忧。

分陕而治是西周初年一项重大的政治决策，召公为西周建立了稳固的经济后方，而周公则为西周开辟了新的根据地，也为后来的平王东迁和继续周的统治打下基础。

东征平叛之后，周公更深切地认识到分封同姓诸侯到各地管理封地的重要性。于是，他在武王分封的基础上，在全国要冲进行了二次分封。《荀子·儒效篇》中说："立七十一国，姬姓独居五十三人。"《左传》中又说："其兄弟之国者十有五人，姬姓之国者四十人。"总之，周国大概又新封了五六十个封国，诸侯多为文王、武王和周公的后裔。

其中，周公将弟弟康叔封在了殷都旧地，都朝歌（今河南淇县北），称卫国，领今河南北部和河北南部之地；将长子伯禽仍封于鲁国，都奄（今山东曲阜）；将成王的弟弟叔虞封在山西，都唐（今山西翼城西），称唐国，后改称晋国。另外，异姓诸侯中，姜太公仍居齐国，周公又将微子封于商族的老根据地商丘，称宋国。

经过大规模的二次分封，周公加

强了对新领地的统治,以藩屏周,巩固了西周政权。

营建东都

武王在灭商之初,就曾因为都城镐京远在黄河以西,不利于统治全国大片土地,有将政治中心东移的打算。他曾考察过伊、洛二水一带,决定在洛邑（今河南洛阳）营建新都,但计划还未实施,武王便因病离世。武王去世后,发生管蔡与武庚叛乱,更说明营建东都的重要性与迫切性。

所以,周公在平叛之后,秉承武王的遗志,也为巩固政权,开始着手营建东都洛邑。洛邑位于伊水和洛水流经的伊洛盆地中心,地势平坦,土地肥沃,南有天门山,北靠邙山,地势十分险要。并且,洛邑交通便利,为东西交通咽喉要道,顺河而下,可达殷商故地,也可到达齐、鲁等封国,实在是个建都的好地方。

正式营建东都之前,召公先奉命来到洛邑,进行占卜,确定新城址的具体位置,然后规划城郭、宗庙、朝和市的各自方位。之后,周公又来到洛邑,再次占卜,最终决定在洛水之滨修建新都。之后,周公举行了盛大的祭祀仪式,向殷商旧族和各诸侯国都发出了营建新都的命令。

他让那些殷商遗民一起参加修建工程,一来表示信任,二来也让他们有

周公庙棂星门
即周公庙大门,位于山东曲阜市区东北。周公庙是一座纪念和祭祀西周政治家周公的庙宇,因周公曾被封为元圣,亦称"元圣庙"。按周朝宗法制度,周公被分封于鲁。因公留佐成王,故长子伯禽就封,建鲁国,为鲁国第一代国君。因周公佐周之殊功,特许伯禽于鲁设立太庙,以祀远祖。周公死后,并祀之。

了安身之所。通过这项工程，亦缓和了周王朝与原殷商势力的矛盾。历时一年左右，一座规模宏大的都城终于建成，据《逸周书·作雒解》记载，这座新城"城方千七百二丈，郭方七七里。以为天下之大凑"。城内主要建筑有五宫，即太庙、宗庙（文王庙）、考宫（武王庙）、路寝、明堂，还有内阶、玄阶、堤唐、应门等不同的通道，这完全是一座按国家层面详细规划而建成的一座都城。

新都建好后，周王朝有了两个都城。旧都镐京称宗周，而新都洛邑则称"成周"或"新邑"。成王来到成周，以非常隆重的礼节接见了各国诸侯，并祭祀文王，并将象征着王权的九鼎迁到新都的明堂当中，用以宣告此处为西周政治中心，威慑天下。此外，周公还将由周王室直接控制的周八师（共两万人）调到成周，戍守新都，震慑东方。

从此，成王继续居住在旧都镐京，而周公留守成周，从镐京到洛邑，绵延千余里，都成为王畿重地，西周的政治经济和军事力量都得到增强。

周公制礼乐

东都洛邑建成，周公完成了武王的遗愿，王朝统治也渐趋稳定。此后，

周公制乐浮雕（局部）
位于河南洛阳周王城广场。西周的礼乐制度，属于上层建筑范畴，相传由周公制定。周公所制定的礼，是维护统治者等级制度的政治准则、道德规范和各项典章制度的总称，后来发展为区分贵贱尊卑的等级教条。乐则是配合各贵族进行礼仪活动而制作的舞乐。舞乐的规模，必须同享受的级别保持一致。西周的礼乐，也体现了当时的时代文明。

国风·豳风·鸱鸮

鸱鸮鸱鸮，既取我子，
无毁我室。恩斯勤斯，
鬻子之闵斯。
迨天之未阴雨，彻彼桑土，
绸缪牖户。今女下民，
或敢侮予？
予手拮据，予所捋荼。
予所蓄租，予口卒瘏。
曰予未有室家。
予羽谯谯，予尾翛翛，
予室翘翘。风雨所漂摇，
予维音哓哓！

周公便开始另一项繁重的工作，即制礼作乐。据《史记》记载，在三皇五帝时代，虽有舜摄政"修五礼"，又"作五弦之琴，以歌南风"等，但那时礼乐文化尚属于萌芽状态，而形成时期，则在夏、商、周三代。

周朝伊始，周公决定在意识形态领域进行全面的革新，建立完备的礼乐制度，以教化百姓，安定天下。他先是阅读大量古籍，从前代历史中借鉴经验，又寻访许多贤士和下层百姓，询问先朝的礼乐风俗。周公留居于新都洛邑，城内居住的不乏先贤贵族，他们对先朝的祭祀活动都非常了解。周公经常与他们攀谈，让他们演示祭祀的每个环节，讲解各种祭器的意义，然后详细记录下来，与书上记载的加以验证比照。他还走访各个诸侯国，询问不同地区特有的礼仪。

经过大量的准备工作，再加上个人的思考与探索，周公将上古至殷商的礼乐进行大规模的整理和改造，创建了一整套可具体操作的礼乐制度。周公将日常生活中的祭祀、丧葬、饮食、起居等方方面面都纳入"礼"的范畴，使其成为系统化的社会典章制度和行为规范，并在全国范围内推行礼乐之治。

这套繁复而完备的制度主要见于"三礼"（《周礼》《仪礼》《礼记》）的记载中。如冠礼、丧礼、祭礼、聘礼、饮酒礼、士相见礼、君臣上下之间的觐见礼、朝礼等都有规格、人数等不同的规定，深入到西周社会的各个层面。而"乐"也源于祭祀，与礼相辅相成。

周公通过礼乐制度来治理国家，规范了当时的西周社会，使华夏民族进入了礼乐文明的时代。礼乐之治完成后，周王朝进入稳定发展时期，周公便还政于成王，结束他的摄政时代。周公摄政七年，完善了宗法制度、分封制和井田制，并将嫡长子继承制确立为周王朝的天子继承制度。这些制度最大程度地将国家和民族、政治与伦理等融合在一起，不仅奠定了周王朝八百年的统治基础，对后世封建社会的形成亦产生了深远的影响。

前11世纪末

既绌殷命，袭淮夷，归在丰，作《周官》。兴正礼乐，度制于是改，而民和睦，颂声兴。

——《史记·周本纪》

官制之典《周礼》

这是一部通过官制来表达治国方案的著作，在后世的皇权时代中被奉为圭臬。它将国家的一切都纳入规范制度之中，展现了一个完善的国家典制。其内容之丰，涉及之广，堪称中国文化之珍宝。

书名
周礼，又称周官

作者
《史记》记载为周公旦，一说为战国时人整理编著

成书时间
战国时期

内容
百官之制，冠、婚、丧、祭、射、朝、聘等制度规范

学术地位
儒学经典，汉族文化史之宝库

汉郑康成注、唐陆德明音义纸本《周礼》（金陵书局刻本）

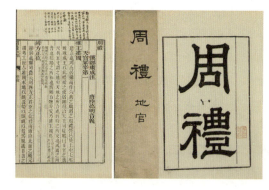

据《史记》记载，周公平定管、蔡、武庚以及淮夷之乱，废黜殷祀，回到都城之后，写下了《周官》。《周官》即《周礼》，按《史记》的说法，《周礼》为周公所作，但也有人考证这部儒家经典是战国时期经人整理创作而成。在汉代时，《周礼》与《仪礼》和《礼记》合称"三礼"，"三礼"是将中华民族的礼乐文化以理论形态记载下来的权威典籍，而"三礼"之中，《周礼》又居其首。

实际上，严格来说，《周礼》并非礼书，而是一部通过官制来表达治国方案的著作，可以说是官制之典。这部著作记载了西周乃至春秋时期的王室和各诸侯国中出现的官制，也夹杂着各种有关的社会经济制度、政法制度、学术思想和儒家王者大一统学说，等等。它内容极为丰富，其中所记载的祭祀、朝觐、封国、巡狩、丧葬等国家大典制度，以及用鼎、乐悬、车骑、服饰、礼玉等制度的具体规范等都非常系统详细。

在《周礼》中通过六类职官来执掌这些制度规范。在《天官·大

宰》中称为"六典"：一曰治典，以经邦国、治官府、纪万民；二曰教典，以安邦国、教官府、扰万民；三曰礼典，以和邦国、统百官、谐万民；四曰政典，以平邦国、正百官、均万民；五曰刑典，以诘邦国、刑百官、纠万民；六曰事典，以富邦国、任百官、生万民。

而在《天官·小宰》中，称为"六属"：一曰天官冢宰，共有63种职官，掌邦国，即负责宫廷事务；二曰地官司徒，共有78种职官，掌邦教，即负责民政事务；三曰春官宗伯，共有70种职官，掌邦礼，即负责宗族事务；四曰夏官司马，共有70种职官，掌邦政，即负责军事事务；五曰秋官司寇，共有66种职官，掌邦刑，即负责刑罚事务；六曰冬官百工，共有30种职官，掌邦事，即负责营造事务。

《周礼》展现了一个完善的国家典制，国中的一切都可纳入井然有序的制度中。隋唐时期所实行的"三省六部制"，其中的"六部"就是仿照《周礼》中的"六官"而设置的。唐代时，将六部定为吏、户、礼、兵、刑、工，并作为中央官制的主体，这种中央官制一直沿用至清代。

周朝的中央官职

总称	具体官名和职务	等级
三公	太师、太傅、太保	最高官职，通常授予诸侯
六卿	太宰，总揽朝政；太宗，掌祭祀礼仪；太史，掌历法记事；太祝，掌祈祷；太士，掌神事；太卜，掌占卜	六卿为三公下属官吏，但太宰在西周时为中央权力的实际掌管者，常位同三公
五官	司徒，掌土地和农人；司空，掌百工职事；司马，掌军赋军政；司士，掌版籍爵禄；司寇，掌刑罚	五官，位同六卿，为三公下属官吏
三少	少师、少傅、少保	三公之佐，属王室内廷事务官
四辅	道、辅、弼、承	王室内廷事务官
官内官	虎贲，周王的禁军；缀衣，管理王室的衣服装饰；趣马，管理王室车马；小尹，总管一类事务的王室总管；掌八，管理王室日常使用的各类器物；百司，执行各类勤杂事务的小官吏；庶府，管理王室财物	负责王室内务的低级官员
卿事寮	大都，管理诸侯以及周天子宗亲们的采邑；小伯，管理卿、大夫的采邑；艺人，有专门技术的如卜、祝、巫师、工师等官员；表臣百司，六卿、五官府上执行具体事务的低级官吏；太史，撰写国史、记录周天子和百官举止，草撰周天子的册命；尹伯，位次五官的总执行官；庶常吉士，位次大夫，最低级的世袭官员	属六卿、五官之下的低级官吏

前11世纪末

太公至国，修政，因其俗，简其礼，通商工之业，便鱼盐之利，而人民多归齐，齐为大国。

——《史记·齐太公世家》

姜太公治齐

姜太公大刀阔斧，迅速在齐国树立了不容置疑的威信。然后刚柔并济，因民、因地而治，强国富民。一个好的统治者，既有了威信，又能让百姓过上好日子，便没有不顺从的了。

主角
吕尚，别称姜太公

身份
齐国第一位君主

就封障碍
莱族人争抢营丘，姜太公以武力退之

治国方针
以法治国；用人唯贤；因俗简礼，发展适合齐国的礼制；农工商三业并举

执政特色
因地制宜

执政效果
使齐国成为大国、强国

著名著作
《六韬》

夜衣而行，兵争封地

文王时期，姜太公辅佐文王对外麻痹殷纣，对内爱民安民，联络对商不满的诸侯，又讨伐崇国、密须和犬戎等，使天下三分之二的诸侯都归心于周；武王继立，姜太公辅助武王展开伐商之战，最终成功克商。周朝得立，姜太公可谓功不可没。

之后，武王与姜太公等重臣商议，把全国分成若干侯国，分封给王室子弟和有杰出贡献的功臣。

姜太公以其首功，被封于齐，都营丘（今山东临淄）。营丘一带本为殷商盟邦薄姑的旧地，薄姑虽被周军打败，但仍存在很强的反周势力，所以姜太公前往齐地就封，注定不会是轻松往之、安享富贵之事。

据《史记》记载，姜太公带领本部人马前往齐地营丘，因为长途跋涉，将至营丘时人累马乏，行军速度很慢。一天傍晚，他们在距营丘不远的客栈宿营，准备明日赶到营丘。夜间大家渐渐入睡，客栈主人说："我听说机会难得易失。这些人睡起来

齐国第一代君主姜太公塑像

如此安稳，哪像去就封建国的样子！"姜太公听了，立马警醒，睡意全无。他急命整顿人马，披星戴月赶往营丘。果然，在他们黎明时分赶到营丘城外的临河西岸时，正遇上莱侯带人涉水而来，抢占营丘。"夜衣而行，犁（黎）明至国，莱侯来伐，与之争营丘"便是对这一段历史的记载。

莱国是营丘旁边的夷族部落，齐地是他们世代居住的地方，他们不想外人来统治这里，所以想趁姜太公立足未稳之际抢占营丘。于是，两军在淄河西岸对垒，剑拔弩张。姜太公镇定自若，指挥士兵奋勇出击，很快将莱军杀得丢盔弃甲，大败而逃。就这样，姜太公以武力争得营丘封地，方在此建立起齐国来。

所以说，姜太公就封，带着武力争夺的意味，是以武装力量驻守封地的过程。

以法治国，安定民心

姜太公建立齐国，在这里站住脚后，首先要做的就是以法治国，收服民心。依照周制，姜太公在齐国建立起官制，颁布了严明的法律。

有一个叫营汤的人，做了齐国的司寇，却对上阳奉阴违，对下收受贿赂，祸害百姓，还宣扬应以所谓的"仁义"治理齐国。对于这样妖言惑众的不法之徒，姜太公立马下令将营汤斩首，以正政令。

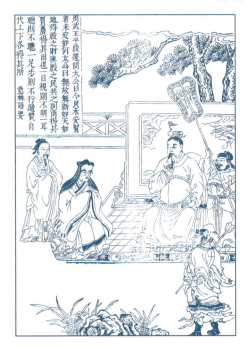

武王询政

出自《瑞世良英》卷一《意林语要》。描绘了周武王伐纣后，在安抚殷商遗民的问题上听取姜太公的意见的故事。

东海边上还有一对狂矞、华士兄弟，被追捧为贤人，他们既不向天子称臣，也不服务于诸侯，对新生的齐国政权采取不合作和对抗的姿态。姜太公认为这二人自私自利，影响世人，属于害群之马，也下令诛杀了他们。姜太公以铁腕手段镇压了那些对抗势力，再也没有人敢公然违抗政府发布的命令法规，齐国混乱的局面迅速得到安定。仅仅用了五个月，姜太公就向镐京汇报了安邦定国的政绩。

在文化上，姜太公并没有强制推行周朝的礼法，而是从实际出发，尊重东夷人的生活方式和礼仪制度，简约其风俗礼法，不强行干涉，创立了既让齐民乐于接受，又不太悖于周礼的新制。这一"因其俗，简其礼"的开明政策有利于消解民族矛盾，使民心很快归服。

在用人上，姜太公采取"崇贤尚功"方针，大力提拔有才能的人士为官，甚至大胆任用当地的东夷土著。通过考核，只要符合标准，一律不论亲疏贵贱，纷纷任用，打破了西周以血缘关系为基础的用人之道。姜太公对人才的重视，提升到了有关国家兴亡的地步。他提出了"六守""八征""六不用"的人才理论，首开任人唯贤、唯才是举的先河，为之后齐国称霸奠定了基础。

因地制宜，强国富民

据《汉书·地理志》中记载："齐地负海潟卤，少五谷，而人民寡。"姜太公刚到齐国时，其自然条件是十分恶劣的，田土贫瘠，百姓穷困，人口稀少。面对这种情况，姜太公没有蛮干，而采取了因地制宜的政策。

一方面，他注重黍、稻等农作物的种植，发展农业。另一方面，他考察了当地的自然资源，发现矿藏和鱼盐资源丰富，于是大力发展冶炼业、丝麻纺织业和渔盐业等手工业。"太公望封于营丘，地潟卤，人民寡，于是太公劝其女功，极技巧，通鱼盐，则人物归之，襁至辐凑。"（见《史记·货殖列传》）姜太公利用自然资源，让工匠冶炼、商贾通商、妇女纺织，极大地调动了全国人民的生产积极性。

另外，他还利用齐国交通便利，人民又有重商传统的优势，大力发展商业，与其他诸侯国通商，使得当时齐国

太公受封壁画

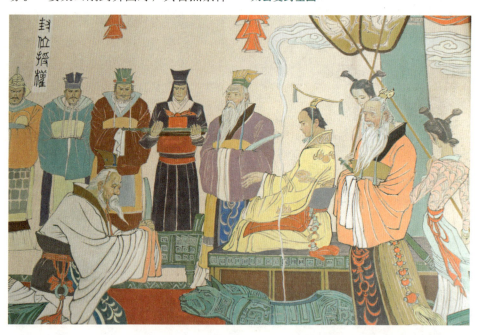

西周·扉棱提梁卣

2007年出土于湖北随州安居羊子山4号墓,现藏于随州博物馆。子母口,隆盖之上立一象首。器身垂腹,高圈足,口沿两侧有对称的半环钮与提梁相连,提梁两端及中部有四个对称的兽首。盖面、器腹饰四道对称的钩形扉棱,前后扉棱中各有一象首。盖面及腹部前后均饰兽面纹,盖沿前后均饰二对称盘首龙纹,圈足前后均饰一首双身龙纹。盖内有铭文一行三字:"乍宝彝"。

西周·曾侯谏铜盉

2011年出土于湖北随州叶家山西周曾国墓地,为最早的曾侯谏所用之物。子母口,兽钮,龙首把手,长流之上塑一猛虎,三圆柱形足。通体以云雷纹为底,上饰各种动物纹,精美异常,显示了当时青铜工匠精湛的技艺。

生产的衣履冠带畅销天下，鱼盐流通列国。

姜太公推行的这些策略，令农、工、商三业并举，逐渐使齐国百姓有业可从，衣食保暖，器具充足，使齐国财货流通、财政充足，从一个偏僻荒凉的小国、穷国发展为雄踞于东方的大国、富国。

并且，他定下的"因其俗，简其礼，通商工之业，便鱼盐之利"的治国方针，在齐国代代相传，在之后几百年的历史发展中产生巨大影响，也确立了齐文化的特色。

太公治齐壁画
姜太公建立齐国后首先以法治国，安定民心。司寇营汤阳奉阴违，受贿害民，并妖言惑众，宣称要以所谓的"仁义"治齐，姜太公便令人把营汤斩首，以正政令。

太公作《六韬》

姜太公深怀文韬武略，既是一位政治家，更是杰出的韬略家、军事家。他在有生之年写了《六韬》（又称《太公兵法》）这部军事著作，被誉为是集先秦军事思想之大成者、兵家权谋类的始祖。司马迁曾在《史记》中评价："周姬昌之脱羑里，与吕尚阴谋修德以倾商政，其事多兵权与奇计，故后世之言兵及周之阴权皆宗太公为本谋。"十分肯定了姜太公在创立中华民族韬略理论方面的开山地位。1972年，山东临沂出土了《六韬》残简，证明了姜太公作《六韬》的真实性。

姜太公在军事理论、政治斗争、经济策略等方面都为后世留下了丰富的思想文化遗产。可以说，中国的兵论、兵法、兵书、战策、战术等军事理论学说，都最早发源于姜太公的《六韬》和他所建立的齐国兵家。后世的著名军事家孙武、鬼谷子、黄石公、诸葛亮等都吸收过《六韬》精华，方演化为自己的兵法理论，遗传于后世。

> 约前11世纪中晚期—约前10世纪初

鲁公伯禽之初受封之鲁,三年而后报政周公。周公曰:"何迟也?"伯禽曰:"变其俗,革其礼,丧三年然后除之,故迟。"

——《史记·鲁周公世家》

伯禽定鲁

伯禽作为周公长子,代父前往鲁国就封,一生恪守周礼,矢志不渝,虽无大功,但也算完成了开国定邦的任务。

主角
伯禽

任务
代父赴鲁,安邦定国,使鲁成为周王朝的屏藩

执政特色
严格以周礼治国,三年有起色

其他政绩
组织鲁军抵抗淮夷、徐戎叛军

执政时长
46年

执政效果
使鲁国成为"礼仪之邦"

伯禽,姬姓,为周公长子,文王之孙。武王灭商后,封周公于鲁,都奄(今山东曲阜),因周公需要辅佐武王处理朝政,故先遣长子伯禽到鲁国就封。后成王即位,将"殷民六族"和原来的奄国并诸多典册文物、宝器仪仗都赐给伯禽。殷民六族,即条氏、徐氏、萧氏、索氏、长勺氏、尾勺氏这六族殷商遗民。西周建国之初,为防止商朝后裔距离周王室都城太近,发生叛乱,就将他们其中一部分迁到今山东一带。也就是说,伯禽到鲁国,同姜太公就齐一样,带着平定、安抚殷商遗民的任务。

伯禽临行之前,周公告诫道:"我是文王的儿子、武王的弟弟、成王的叔叔,地位也不算卑贱了,然而我经常洗一次头要三次握起头发,吃一顿饭要三次吐出食物来接待士人,犹恐会失去贤能之人。你到了鲁国之后,千万不要因为有了国土、做了国君而自尊自大,对人骄傲。"伯禽谨记父亲的教诲,出发前往鲁地奄都。

鲁地原来也为殷商旧族盘踞,伯禽到鲁国后,与姜太公治齐采取"因其俗,简其礼"的方针不同,而是严格按照周礼治

周·大玉璧
礼器,曲阜鲁国故城出土,现藏于山东博物馆。

理、教化当地百姓。他在鲁国苦心经营三年，才回到镐京向父亲周公汇报政绩。周公问："太公受封五个月后就回来报政，你为什么这么慢呢？"伯禽回答说："我在改变当地的风俗礼仪，使其遵循周礼，故而来迟。"周公听了叹道："将来鲁国要北面向齐国称臣了。政治不简约平易，百姓不能亲近。唯有平易近民，百姓才会归附。"

后来，爆发管、蔡与武庚之乱，东夷旧部中的淮夷、徐戎也趁机作乱，出兵攻打鲁国。伯禽亲率鲁军到费邑（今在山东济宁鱼台县西南）抵抗叛军，并撰写《费誓》以鼓舞士气，严明军纪。他在《费誓》中说："将士们，准备好你们的盔甲！不要损坏牛栏马厩，马牛走失，奴隶逃亡，不得越次追逐，得到的要归还原主。不得抢劫偷盗，我们将修筑营垒征讨徐戎，置办草料、粮食和筑垒工具，不得缺少……征讨之日不得迟到，否则处死！"从这篇誓词中，我们可以看到伯禽对周礼的尊崇，即使出征打仗仍要求士兵不得越次追逐逃跑的奴隶、走失的牛羊。鲁军与叛军展开激战，后又得到齐军和王师的支援，两年后终于击败了叛军，安定了鲁国。

伯禽在鲁国为政46年，曾吞并过周边一些小邦国，使鲁国辖区北至泰山，南达徐淮，东至黄海，西抵阳谷一带，成为周王朝控制东方的一个重要诸侯国。伯禽一生坚持以周礼治国，也使鲁国享有"礼仪之邦"的美称。

成王教伯禽
出自《瑞世良英》卷一《经济类编》。周成王封伯禽为鲁国公时，教授伯禽治国之道。

伯禽治鲁浮雕
伯禽在位时期，平定徐戎叛乱，坚持以周礼治国，使鲁国政治经济出现新局面。其辖区北至泰山，南达徐淮，东至黄海，西抵阳谷一带，成为周王朝控制东方的一个重要邦国。

▶ 前11世纪晚期—前10世纪初

昔我先王熊绎，辟在荆山，筚路蓝缕，以处草莽，跋涉山林，以事天子，唯是桃弧、棘矢，以共御王事。

——《左传·昭公十二年》

熊绎封楚

乘柴车、穿破衣、辟荆山，在蛮荒之地，熊绎完成了楚国开国国君的工作，为后世子孙称霸诸侯奠定了基础。"筚路蓝缕"流传至今仍为经典。

国家
楚国

主角
熊绎

分封原因
曾祖鬻熊曾襄助文王

封地
丹阳（今湖北秭归）

政绩
开垦荒山，发展生产

结果
楚国从一穷二白渐渐发展起来，为后世称霸奠定基础

楚始王熊绎像
熊绎，芈姓，熊氏，名绎，鬻熊曾孙，西周诸侯国楚国始封君。周成王时，熊绎受封南蛮之地，建立楚国。在位时期，发展生产，扩大疆土，乘柴车、穿破衣以开辟荆山，跋山涉水向周天子进贡，并与齐、鲁等国国君辅佐周康王。前1006年，熊绎去世，其子熊艾继位。

在夏朝时期，楚人本定居于今河南南部一带，后因商朝兴起，他们被逐渐赶到南方，最后在今荆山地区（今湖北北部、汉水流域）定居，称为"荆蛮"或"荆方"。在整个商王朝时代，荆方对于商朝都是忽降忽叛，摇摆不定。后来，周文王要推翻商朝统治，首先联络了各地对商朝不满的诸侯和方国。他亲自来到荆山后，拜访了当时的荆方首领鬻熊。

鬻熊是季连（上古传说中的人物）的后代子孙，才高八斗，学富五车，著有言论集《鬻子》，备受时人推崇。他与文王一见如故，非常赞同文王的政治主张，并答应前往岐山辅佐文王。但不幸的是，鬻熊去世较早，等到武王起兵伐纣时，荆方未能出兵相助。因此，武王即位大封诸侯时，就忽略了荆方。

直到周成王即位后，发现这个

缺失，方论功行赏把鬻熊的曾孙熊绎封到丹阳(今湖北秭归)，称为楚国。就这样，熊绎建立了楚国，成为楚国开国国君，成王赐姓芈。

猛然一听，熊绎被封为一方诸侯，是多么荣耀的事情，然而事实并没有想象的那么光鲜。熊绎作为开国之君，辟在荆山方圆不过百里的蕞尔小邦，其财物寥寥无几，一切必须从头做起。最开始，他只有一片山、一群人，充其量只能叫作部落联盟。因为荆地贫瘠，熊绎向周王缴纳贡物都只是进献些桃木弓、苞茅（一种茅草的嫩芽，用来滤酒）、棘矢等宗教用品，拿不出任何像样的东西，所以经常被其他各族蔑视为"荆蛮"。楚人历来崇拜火，所以周天子安排熊绎守护祭天的火把。

《鬻子》书影
周鬻熊著，鬻熊又称鬻熊子、鬻子，玄帝颛顼的后裔，楚国的先祖，楚国开国君主熊绎之曾祖，他还通晓法术，是一位有声望的宗教大巫。

坐的是简陋的柴车，穿的是破旧的衣服，生活在荒山丛林里，又常被其他各族首领嘲讽，且被安排苦差，但熊绎并没有气馁，而是带领楚国人民开天辟地，大干一番。他们开垦荒山，铲除荒草，踏平山地，大力发展农业生产。经过几十年的苦心经营，楚国逐渐强大起来，周康王时期，楚国熊绎与齐国、卫国、晋国、鲁国等四国国君一起辅佐周康王，其地位和势力已不是往日可比。

熊绎带领楚国人在艰苦恶劣的环境中不断进取，这种迎难而上的精神，为以后楚国成为春秋五霸之一奠定了基础，成就了楚国人一往无前的气魄。经过熊绎及后世子孙的不断努力，楚国不但统一了汉水流域，还向南扩地万里，从一个方圆仅有几十里的小国发展为泱泱大国。

西周·鱼尊
1992年出土于宝鸡市茹家庄遗址，现藏宝鸡青铜器博物院。盛酒器，鲤鱼造型，腹鳍巧妙地化成尊底的4个人形支柱，背鳍做成带有小铜环的提把。

前1042年—前996年

昔武王克殷，成王靖四方，康王息民，并建母弟，以蕃屏周。

——《左传·昭公二十六年》

成康之治

周成王和周康王统治时期，国泰民安，四海升平，是先秦历史中少有的一段政通人和的岁月，也是中华上下五千年里第一个太平盛世，史称成康之治。

在位者
周成王、周康王

性质
中国历史上记载最早的太平盛世

历史意义
成康时期，周王朝王权进一步得到巩固，国力增强，四方来朝，经济繁荣鼎盛

周武王死后，因其子成王年幼，周公就暂时摄政治国。7年以后，当成王年满20岁时，周公便还政于成王，然后以大臣的身份继续参与国事。

周成王统治初期，东部的一些诸侯淮夷、奄等发生叛乱，周成王便在周公的辅佐下，亲率大军征讨东夷，平息叛乱。在得胜归来后，周成王在宗周写下《多方》，以此告诫天下诸侯姬周取代殷商乃天命所归，不要再有反叛之心。

在稳定了周朝的政权后，周成王根据周武王的遗愿，和周公一起筹划建立新的都城，用以管理东方广大的领土。他听从周公的建议进行规划，又

周康王像

周康王姬钊（？—前996年），周武王姬发之孙，周成王姬诵之子，西周第三位君主，前1020年—前996年在位。周成王临终前，担心太子姬钊不能胜任君位，于是命召公奭、毕公高率领诸侯辅佐太子姬钊登基。周康王即位后，在召公奭、毕公高辅佐之下，继续推行周成王的政策，进一步加强统治，同时，先后平定东夷大反，北征略地，并且西伐鬼方。《小盂鼎》铭文所记对鬼方的征讨，斩获众多，仅俘人即数以万计。周成王至周康王时期，天下安定，40多年没有使用刑罚，史称"成康之治"。前996年，周康王在镐京去世，谥号康王，葬于毕原。死后其子姬瑕继承王位。

派召公亲自去测量取址，最后终于决定在洛水北岸建立新的都城洛邑（又名成周）。建成后，成王便召集四方诸侯，举行了盛大的祭祀典礼，并把大禹治水时铸造的九鼎安放到了洛邑，写下《召诰》宣布："成周为天下的中心。"不久，成王又将曾反抗周朝的殷商"顽民"迁往洛邑，又派军队进驻，借以加强对他们的控制。

建都城洛邑后，周成王正式亲政，着手开始建立礼乐制度。他命周公将周朝过去所用的官职设定、礼仪、音乐等典章规范进行修改和完善，并进一步制作了礼乐。

在周成王和西周各贤臣的努力下，西周逐渐进入了盛世，国家富裕，百姓富足，全国呈现出一派欣欣向荣的景象。前1021年，成王去世，在临终前，他将自己的长子姬钊托付给了召公和毕公。姬钊继位，是为周康王。

康王在登基前曾与诸侯百官一起拜谒了西周先王的宗庙。在宗庙内，召公和毕公语重心长地对他说道："先文王、武王艰难开创西周王业，成王在位时亦励精图治，将国家治理得井井有条，大王您一定要力行节俭，戒贪戒淫，专心理政，如此才可对得起列祖列宗和天下百姓啊！"

康王继位后，谨记忠言，继续推行周成王的政策。他命毕公作策书，划定周都郊外的境界，让百姓分村落而居住，以作为周都的屏卫。在政治上，康

周康王时的盛世
出自《瑞世良英》卷一《年考纂》。表现了周康王时的盛世：四夷宾服来贡，海内晏然，百姓知礼。

王履行治国安邦的理念，使周朝的经济得到极大发展，百姓安居乐业，举国上下呈现出一派安宁祥和的景象。

这一时期，周康王又先后平定东夷大反，北征略地，并且西伐鬼方。据小盂鼎上的铭文记载，康王杀敌以万计，缴获的战车、战马更是不计其数。随着战争的胜利，疆域的扩大，周朝更是走向了统治的巅峰时代。所以史家又将这一时期称为"成康之治"，寓为周成王和周康王统治的太平盛世。

康王逝世后，他的儿子昭王继位。昭王在位的时候，西周王朝开始走向衰落。

前980年—前977年

昭王之时，王道微缺。昭王南巡狩不返，卒于江上。其卒不赴告，讳之也。

——《史记·周本纪》

周昭王伐楚

"普天之下，莫非王土"实际只是一个口号，当分封出去的诸侯一旦强大，便成为王室的威胁。周昭王想要扩大周的版图，三次伐楚，但有勇无谋，最终糊里糊涂地丢了性命，实在令人唏嘘。

原因
楚日益强大，不向周朝纳贡，成为周王室威胁

导火索
周昭王派去楚地的大臣遇刺身亡

伐楚时间
前980年、前978年、前977年

结果：
第一次周胜；
第二次周败；
第三次周败，昭王身死

意义
经昭王之手，周王朝完成了对南方的拓展

周王朝在成康之时，所经营的重点一直是东夷地区，并没把南方的荆楚之地作为重点统治的目标。而楚国自熊绎开国之后，利用周王室东征的机会，暗中积蓄力量，很快占领了江汉流域的广大地区。随着国力的日益增强，楚国野心膨胀，不再参加周天子召集的诸侯会议，也不再进献苞茅，流露出不敬之意。到周昭王时期，楚与周王室的关系日益紧张，楚国也成为威胁周王室安全的新的力量。

周昭王名姬瑕，为康王之子，周朝第四代君主。他即位后，亦是雄心勃发，想继承成康事业，继续扩大周的版图。周昭王十六年（前980年），昭王派大宰前往楚国，结果大宰及随行人员全部在楚国遇刺身亡，这成为昭王伐楚的导火索。

就在这一年，周昭王号令天下诸侯，第一次南伐楚国。当周昭王亲率大军渡过汉水，深入荆楚一带时，楚地的各个小部落大为惊恐，几次交锋，纷纷投降，其中一位百濮君还亲到昭王面前，向昭王臣服。楚国士兵遭遇周军，也大败。此次南伐，周王朝获胜，将江汉地区划入周朝的版图。周昭王欢

周昭王像
周昭王（约前1027年—前977年），姓姬，名瑕，周康王姬钊嫡长子，西周第四代天子。《史记》称他为昭王，西周青铜器铭文多称他为卲王。

心不已，举国大庆，犒劳了有功将士。楚国失败之后，痛定思痛，决定强大自己的军事力量，借助地形优势，大力训练水军。

周昭王十八年（前978年），第二次伐楚开始，因为有了上次的胜利，昭王变得狂妄自大，完全不把楚国放在眼里。这次攻伐，他仅仅带了身边久经沙场的御林军（即镐京"西六师"）及祭公辛伯前往，甚至没有通知各国诸侯，就奔往南方去了。

但所谓的精兵御林军"西六师"并不擅长水战，且经过长途跋涉，早已是人马困顿。而楚军经过三年的休整训练，已今非昔比，实力大增，且以逸待劳，很快就将"西六师"杀得大败。周昭王狼狈溃逃，逃到汉水岸边时，又被楚军包围，"西六师"几乎全军覆没。

第二次伐楚惨败而归，这次失败令周王室颜面尽失，昭王在诸侯中的威信也降低了。

周昭王为了挽回面子，十九年（前977年）再次号令诸侯南下，第三次伐楚。周昭王率领大军，浩浩荡荡渡过汉水，来到楚国，如果硬碰硬的话，楚国水军虽强，但面对强大的诸侯联军未必能取胜。于是楚国国君利用周昭王求胜心切的心理，派使者前来投降，并献上各种珍宝与许多奴隶，表示向周王室臣服。

这一次周军不战而胜，昭王心情大悦，遂决定在汉水游玩几天，欣赏一

西周·青铜簋

簋是商周时期的盛饭工具，也是祭祀和宴飨时的礼器之一。子母口，下承三足，兽首环有珥，器型稳重，装饰质朴。依据其上铭文记录，此簋是周王赐给一个叫师由（音译）的人，命令他继承爵位、土地和生活在那里的人。现藏于加拿大文明博物馆。

下南国风光。不料，这一玩竟让他玩掉了性命。楚国使者表面讨好周昭王，向昭王献上"上好"的大船，"乘之如履平地"。昭王不喜水，正为坐船发愁，欣然收下对方送来的船。众人坐上大船，行于水中，果然像在平地上行走一样。殊不知，这条船的木板是用"胶"固定住的，全船没有一根铁钉，在水中泡久了就会解体。昭王只顾纵情山水，一日遇上大风浪，大船马上四分五裂，昭王与随行众臣及士兵皆丧命于水中。

昭王就这样糊里糊涂地丢了性命，留在朝中的大臣们觉得无法向世人交代，便假称昭王"南巡狩不返"，未通报诸侯，就立了新君。昭王之子姬满继位，是为周穆王。

西周中期

吕命穆王训夏赎刑，作《吕刑》。

——《尚书·周书》

法典《吕刑》

常言道：家有家规，国有国法。违法犯罪在任何朝代都会被人民唾弃，被国家严惩不怠。无论罪行套路有多深，也终究逃不开一部严明法典的惩治。《吕刑》便是西周诸侯国吕国颁布的一套系统的法律文件，内容记述了当时的法律原则和详尽的赎刑及一般司法制度。

时间
西周中期

修订者
吕侯

修订背景
社会矛盾激化，时局动荡，为巩固周王室统治而制定新的刑法典

新法特点
去除酷刑，以德刑为基础，对贪污腐败提出严惩

保存情况
原本今已失传，今文《尚书》中现存一篇

法典《吕刑》被誉为中国历史上首部刑法专著，也是古籍《尚书》的重要组成部分，相传是周穆王时由大臣吕侯主持修订而成。西周时期社会矛盾日益激化，统治阶层为了缓解当时动荡而紧张的政局，从而巩固周王室的统治地位，积极听取了吕侯的建议，将严酷的旧式刑法废除，制定了这部新的刑法典。

"吕侯制刑"被认为是西周中期的一次大规模的立法活动。这场在刑法上的"破旧立新"，实际上不仅是对西周法制经验的一次全面性总结，还反

八骏巡游
出自《帝鉴图说》。传说中周穆王所拥有的八匹神驹，其分别名为"绝地""翻羽""越影""奔霄""逾辉""超光""腾雾""挟翼"。据传，这八匹马能日行万里，周穆王常乘此八匹骏马巡视周朝之领地。

西周

明启刑书图和吕侯受命图
出自清光绪孙家鼐《钦定书经图说·吕刑》插图。表现周穆王召集诸侯修订刑法，最后命吕侯制定刑法的故事。

映了上古以来夏、商、周的刑罚结构。

上古时期曾制定出五种刑罚用于打压和剥削人民，并肆意滥用割鼻、切耳、宫刑、刺面的刑罚。百姓不堪酷刑之苦，不得不相互欺诈才能逃避罪行，这样一来就导致社会动荡，天下混乱。于是，到了西周时期，用德政治理百姓成为大势所趋。吕侯便以五刑为基础进行修改，制定出这套以德刑为原则的法律体系。

其实，严格意义上讲，《吕刑》并不能被称为一部成文法典，其主要内容是将夏朝已有的赎刑整理完善为赎刑制度，只记述了西周的法治思想基础、各项刑罚制度、刑事政策、刑法原则及司法官吏的责任等方面的相关规定。

任何一个政权对贪污腐败行为的防治都极为重视，并力图从制定和完善立法上来加以保证。因此《吕刑》尤其规定了官吏贪赃枉法一定要受到严惩，并明确指出如果不对该行为进行责罚惩处，天下将没有廉洁清明的政治环境。《吕刑》强调了用刑罚来惩治腐败的必要性和严肃性。当朝官员要依法办事，审判案件时更要公正不阿。倘若有贪污腐败之人，托人求情欲减轻刑罚，那么他的罪行将与犯罪之人一样，接受同等惩罚。从反腐败角度来讲，《吕刑》又是中国现存的第一部反腐败法。

《吕刑》这部法典的目标就是效仿古代贤人的公正廉洁，用法律条文约束人们的恶行，目的在于使百姓安居乐业。

前841年

防民之口，甚于防川，川壅而溃，伤人必多，民亦如之。是故为川，决之使导；为民者，宣之使言。

——《国语·周语上》

国人暴动

周厉王可谓史上贪财君主之最，连百姓走路、喝水也要收钱，创造了"道路以目"的奇葩景象。最终，国人暴动，王位丢失，客死异乡。

时间

前841年

背景

王与民争利，同时用强制手段控制百姓话语权；社会矛盾不断加剧

反对君王

周厉王

组织者及参与者

镐京城内的国人，包括小贵族、商人、手工业者、士兵

结果

周王朝的统治开始分崩离析

成语典故

防民之口，甚于防川

西周前期，政局安定，百姓乐业，西周有了近半个世纪的兴盛。但到周穆王时，贵族内部分化日渐严重，许多贵族社会地位下降，成了国人的组成部分。另外，国人当中还有商贾、百工等工商业者和社会下层群众。

到第十代君王周厉王时，周朝已出现国力衰退的现象，外族入侵、诸侯作乱、国库空虚等问题层出不穷。另一方面，周厉王又是一位贪婪残暴的君王，为了维持奢侈无度的生活，他增加赋税，百姓无论做什么都要缴税，采药、砍柴要缴税，捕鱼虾、猎鸟兽要缴税，就连走路、喝水也要缴税。这样的做法触犯了大多数人的利益，遭到了百姓的强烈反对，也引起了下层贵族的不满。

丰京车马坑二号坑遗址

位于西安市马王镇，丰京遗址是西周王朝的都城旧址。这是一处西周贵族墓的陪葬坑，坑内埋葬着两辆马车、六匹马和一个殉葬人。车马坑中车和马坐西向东，取紫气东来或向东进发之意。南侧的1号车驾四匹马，两服两骖，为作战用的戎车；北侧的2号车为两匹马驾车，是作战时用的一种轻便乘车，古称之为轺车。一具殉葬人的骨架被压在南侧的戎车下面。

西周晚期·"王宠"方鼎

1996年出土于湖北蕲春达城新屋湾。身呈长方形,折沿方唇,两对称立耳,平底,下承四柱足。鼎身起扉棱,器身满饰云气纹、云雷纹、凤纹、乳钉纹和兽面纹。鼎最初是人们用来烹煮和盛贮肉类的食器,商周时,成为祭祀天地和祖先的神器,被用来"别上下,明贵贱",成为标明身份等级的重要礼器。

西周晚期·曾白奇铜戚钺

2002年枣阳郭家庙出土,现收藏于湖北襄阳市博物馆。曾国青铜器,为曾国国君敔的礼器。器身较扁,刃部宽阔,刃角上翘,呈"U"形,长骹中空。刃部两面均铸有九字铭文,正面为:"曾白奇铸戚戉(钺)用为民",背面为:"(上刑下鼎)非历殿井(刑)用为民政。"

西周

西周晚期·㝬簋及铭文拓片
又称胡簋，周厉王时期青铜器，1978年出土于陕西扶风齐村，现藏于宝鸡青铜器博物院。内有铭文12行124字，是周厉王为祭祀先祖而做的铸器，为存世商周青铜簋中最大的一件，堪称"簋王"。

大臣召穆公（即召伯虎）见百姓怨声载道，忙进宫对周厉王说："百姓在街头议论纷纷，再这样下去，早晚会出大乱子的。"

周厉王根本听不进去，反而派人去监视百姓，发现有人议论朝政就抓起来杀头。从此，百姓即使满腹怨恨，也不敢再说出来了。熟悉的人在街上见面也不敢交谈，只是用眼神相互示意一下就匆匆走开，故有成语"道路以目"。

周厉王对百姓的沉默非常满意，召穆公却说："您这样用强制的手段堵住百姓的嘴，不让他们说话，但是他们的怨恨并没有减少，一旦暴发是极为可怕的。就像把水堵住，一旦决口，河川泛滥伤人更多。所以，治水要排除淤塞，使水流畅通，治理国家要广开言路，听取民众的意见。"周厉王根本不听召穆公的劝谏，依旧我行我素。

前841年，国都镐京忍无可忍的国人暴动了。小贵族、小商人、手工业者很快聚齐起来，举着火把，朝王宫奔去。王宫门前挤满了愤怒的国人。吓坏了的周厉王想调兵镇压暴动，却不想军队中的士兵全是平民出身，这些士兵见到国人造反，非但没有参与镇压，反而纷纷加入了这股洪流。

周厉王见大势已去，将太子交给召穆公，自己慌忙带着一队随从溜出了王宫。厉王出逃，民愤难平。国人又聚到召穆公家外，要求召穆公交出太子。召穆公为保全太子，只得将自己的儿子冒充太子交给了国人。不明真相的国人将"太子"活活打死才四散离去。最终，出逃的周厉王没能回到王宫，而是客死异乡。

国人暴动的这一年在历史上被称为"共和元年"，《史记》也由这一年开始系年记事，因而前841年被视为中国历史有确切年代记载的开始。

> 前841年—前827年

共伯和摄行天子事。

——《竹书纪年·周纪》

共和行政

周厉王被国人赶出国都后,再也没能回去。此后西周14年处于一个奇特时期。这14年内,没有王位上的国君,天下大事由大臣和贵族决定,这一时期被称为共和执政。

时间
前841年—前827年

执政者
共伯和(一说召穆公和周公,已被多数人否定)

性质
中国历史有确切纪年的开始

结束标志
周宣王继位

周宣王像
周宣王(?—前783年),姬姓,名静,一作靖,周厉王姬胡之子,西周第11代君主,前827年—前783年在位。即位后,他整顿朝政,讨伐侵扰周朝的戎、狄和淮夷,使周朝有了短暂的"宣王中兴"。但周宣王晚年对外用兵接连遭受失败,加之独断专行、不听忠言、滥杀大臣,也为西周在周幽王时期的灭亡埋下伏笔。

前841年,国人暴动后,周厉王逃跑,政权由周公和召公共同执政,开启了中国历史上有确切纪年的大幕。

但对于"共和"具体所指,史学界有两种不同的说法。一是司马迁在《史记》中记载的周、召共和,二是许多先秦古籍和金文中记载的共伯和执政。

据《史记》载,周厉王逃离镐京后,待民愤渐渐平息,便派臣子凡伯回镐京见周公(或为周公旦的后代)与召穆公,想要回到镐京复位。但国人对周厉王怨声载道,周公、召穆公担心厉王回镐京会再次触怒百姓,激起暴动,便让大臣凡伯劝说周厉王暂时留在彘(今山西霍县)地。

周厉王无可奈何,只得放弃复位的想法,在彘定居下来。经过这一变故,周厉王失去了天子的一切特权,每年仅靠周公、召穆公派人送去的一点衣服、日用品维持生计。尽管保住了性命,但出逃后境遇一落千丈,不免心灰意冷,周厉

西 周

西周·虢季子白盘
清道光年间出土于陕西宝鸡，现收藏于中国国家博物馆。周宣王时期青铜器，造型奇特，酷似一大浴缸，四壁各有两只衔环兽首耳，口沿饰一圈窃曲纹，下为波带纹。盘内底部一共有铭文111字，讲述了虢国的子白奉命出战，在洛河北岸大胜猃狁（匈奴的先祖），杀死500名敌人，活捉50名俘虏，宣王举行隆重的庆典表彰他的功绩，赏赐了马匹、斧钺、彤弓、彤矢。虢季子白专门制造此盘来纪念这件事情。

王在彘凄凉地生活了14年，最终在彘病逝。

据《史记》记载，周厉王不在镐京的这14年中是由周公、召公两相共同执政，故称"共和行政"，但经多方考证，史学界越来越多的学者支持古本《竹书纪年》中的说法。

按《竹书纪年》的说法，周厉王被推翻后，诸侯推举共伯和摄理王事，共伯即共国的伯，居住在共（今河南辉县），名和，摄行君位。

共伯和平时好行仁义，在诸侯中颇有威信，国人暴动后，周厉王不敢回国都复位，太子又太小不能主事。于是召穆公提出国事暂由共伯和代理，其他大臣都表示赞同。另一方面，周朝百姓只憎恨周厉王一人，对于谁来接替厉王并没有异议。就这样，共伯和代替周天子执掌了14年的朝政。

周厉王在彘病逝后，太子姬静长大成人，百姓的怒火也渐渐平息。召穆公认为时机已经成熟，便和大臣们商议立姬静为天子。共伯和知道自己不是周室正宗，争下去难以服众，不如做个顺水人情，便为姬静举行了隆重的登基仪式，然后回到自己的封地做诸侯去了。新继位的天子就是周宣王。

周宣王吸取父亲的教训，施行较为开明的政策，得到了百姓和诸侯的支持，他在位期间周朝又出现了短暂的繁华，史称"宣王中兴"。但是，经过这一场国人暴动，周王朝的统治已经外强中干，"中兴"只是昙花一现的假象。

西周·晋侯苏钟之一
共16件，其中14件藏于上海博物馆，2件藏于山西博物院。编钟分两组，三种式样，非同时铸造，测音却和谐，是标准配律。16件钟上共刻有355字的长篇铭文，完整记录了西周厉王三十三年（前844年），晋侯苏率军参加周厉王亲自指挥的讨伐东夷的战争。晋侯苏因战功多次受赏，因作此编钟。

193

前827年—前783年

共和十四年，厉王死于彘。太子静长于召公家，二相乃共立之为王，是为宣王。

——《史记·周本纪》

宣王中兴

作为国人暴动的亲历者，周宣王重新认识到了治理国家的重要性，深知改革的必然性。他在政治、军事等方面的变革，使周朝国力逐渐恢复，出现了短暂的繁荣局面。

改革方面
政治、军事

措施
内政：整顿朝政，任用贤臣；
外交：借诸侯之力，讨伐侵扰周边境的少数民族

结果
逐渐扭转了周王室统治颓势，出现了短暂的中兴局面

西周·不欺簋盖
周宣王时期青铜器，盖内铸铭文13行152字，记述了猃狁入侵西部边境，滕国一位叫"不欺"的将领受命抗击猃狁，取胜后受周王赏赐的过程。因其真实记录了当时的历史事件，因而有着极大的历史和考古价值。

周宣王元年（前827年），周厉王在彘病逝，太子姬静继位，即周宣王。因为幼时亲历了国人暴动的恐怖，目睹了父亲厉王的下场，继位后，周宣王励精图治，决心整顿朝政，任用召穆公、周公、尹吉甫等大臣，效法先王，全力挽救周朝的颓势。经过一番整顿与南征北战，周王室的威望大大提高，诸侯重新来朝，史称"宣王中兴"。

周朝土地分为公田和私田。私田是农民自己耕种的土地，公田则需借助民力耕种。周厉王时，国家所有的土地渐渐转化为贵族私田，原本由荒地开垦出来的土地也沦为了私田。农民在私田上的收入已经足够维持生计，因而不再愿意耕种公田，时间一长，公田就逐渐荒芜了。周厉王曾用暴虐的手段将所有土地收归国有，致使民怨积压爆发。周宣王继位后宣布不籍千亩，大大提高了农民的积极性，也使得周厉王时期遭到破坏的农业生产逐渐恢复。这为周宣王开始对土地赋税改革提供了便利，也开创了土地赋税制度变革的先河。

由于奴隶逃亡，周王室掌握的劳动力、可以出征的士兵也骤减。为增加士兵数量，周宣王宣布"料民于太原"。"料民"即统计人口。这一举措增加了王室对人口的控制，

同时也解决了兵源不足的问题。

周宣王继位时，四方来犯，抢夺财物，杀害百姓。针对这一情况，周宣王一方面驻兵朔方，加强防范，另一方面领兵出征，对来犯的民族进行了反击。面对江淮地区的夷族，周宣王命召穆公率兵出征。西方的戎族，即猃狁，实力雄厚，距镐京近，威胁非常大。周宣王命秦仲之子秦庄公兄弟五人率兵征讨，大败猃狁，解除了西戎的威胁。此外，周宣王还亲自带兵征讨故意挑衅的徐方，迫使徐方投降，不敢继续作乱。

在政治和军事上，"宣王中兴"的确取得了一定成就。但这一局面并没持续太长时间，周幽王继位后，西周王朝就走到了头。

◆ 不籍千亩 ◆

古时天子、诸侯征用民力耕种的田被称为"籍田"，天子籍千亩，诸侯籍百亩。籍田是奴隶主贵族统治的基础，周宣王继位后，取消了每年天子率公卿百吏举行"籍礼"的仪式，从侧面说明自铁制工具出现后，生产力得到了提高，公社农民对公田上的劳作不感兴趣，对收获归自己的私田兴趣大增。

周宣王对外用兵简表

战役	过程
攻猃狁之战（前823年）	三月，猃狁进攻西周，六月，周宣王命尹吉甫率军反攻，胜。周宣王又派南仲率兵至朔方筑城设防，暂时缓解了猃狁的威胁。前816年，周宣王派虢季子白率军攻打猃狁，在洛水北岸击败猃狁，杀死500人，俘获50人，解除了猃狁之患
南讨荆蛮（前823年）	周宣王以元老重臣方叔为将，率兵车3000南征荆蛮，大获全胜。周宣王南征胜利后，封方叔于洛，封王舅申伯于申（今河南南阳），建立申国，作为镇抚南方的军事重镇
攻西戎之战（前823年）	周宣王任命秦仲为大夫，命其带兵征讨西戎。秦仲战败身亡，周宣王召见秦仲之子秦庄公兄弟五人，给他们7000兵卒，命令他们讨伐西戎。秦庄公击败西戎，周宣王封秦庄公为西垂大夫，加封大骆犬丘（今甘肃天水西南礼县一带）之地
东征淮夷（前822年）	周宣王命召穆公及卿士南仲、太师皇父及程伯休父率周六师征讨淮夷。经过激烈战斗，周军击败淮夷中势力最强的徐国。徐国归降后，淮夷各方国、部族皆臣服于周。前810年，南仲派驹父、高父前往淮夷，各方国都奉命迎接来使，进献财物
攻太原戎之战（前797年）	周宣王派军队攻打太原的戎族，战败
攻条奔戎之战（前792年）	周宣王派军队征讨条戎、奔戎，战败
攻申戎之战（前787年）	周宣王派军队征讨申戎，获得胜利。但在千亩之战败于姜戎，宣王因此战失去南国之师

前771年

褒姒不好笑，幽王欲其笑万方，故不笑。幽王为烽燧大鼓，有寇至则举烽火。诸侯悉至，至而无寇，褒姒乃大笑。

——《史记·周本纪》

犬戎灭周

这是一个古代中国"狼来了"的故事。为博美人一笑，周幽王不惜点燃烽火，取乐于诸侯，失信于四方。当其真正陷于危难而向四方求助时，诸侯却沉默观望。昏庸好色的周幽王，最终自食其果，亲手把西周王朝推下深渊。

时间
前771年

地点
镐京

导火索
烽火戏诸侯

直接原因
废原配申后和太子，并欲问罪申侯

结果
犬戎攻陷镐京、杀幽王、虏褒姒、尽取周赂而去，西周灭亡

褒姒
出自清颜希源《百美新咏图传》。周幽王的宠妃，生卒年不详。褒人所献，姓姒，故称为褒姒。"烽火戏诸侯"的典故就是由幽王为取悦褒姒而来。

沉迷美色

周幽王二年（前780年），褒国进献了一位名叫褒姒的美女以充实幽王的后宫。

褒姒美貌绝伦，幽王一见到这位美女便被她深深地迷住了。褒姒从此得到了幽王的专宠，并在幽王即位的第三年为他生了一个儿子。幽王大喜，为儿子取名伯服，在那之后，他对褒姒更加宠爱了。

褒姒虽然貌美，但令幽王一直深感遗憾的是，她自从进宫之后就没笑过。为了博得美人一笑，幽王想尽了办法，可是无论怎样也无法令褒姒展颜一笑。褒姒解释说自己天生就不会笑，可是幽王不服气，发誓非要看看褒姒的笑容。他在国中张贴榜文，悬赏千金，征求可以让褒姒一笑的方法。

许多人为了得到重赏，纷纷向幽王出主意，可是全都以失败告

终。幽王有一位上卿名叫虢石父,这个人最会逢迎奉承,他向幽王献计说:"大王,先王为了防备外族入侵,在镐京周围备下了烽燧大鼓,一旦敌人进犯,白天便点燃狼烟,夜晚燃起烽火,同时擂响大鼓。四方诸侯得到警报后便会带兵前来勤王救驾。如果我们点起烽火,等诸侯到来时发现什么事都没有发生,看他们一个个再灰溜溜地回去一定好笑。"

烽火戏诸侯

周幽王为博美人一笑,第二天便带着褒姒来到了骊山。幽王的叔叔司徒郑伯听说幽王的想法,连忙赶到骊山劝阻幽王:"烽火台用于应急,诸侯以此为信。若是无故点燃烽火,将来真有兵事,连烽火台也无法召集诸侯!"

幽王听后大怒回道:"如今天下太平,何来兵事!骊山没什么可以拿来娱乐,点烽火只是跟诸侯开个玩笑而已,他们还敢生我的气不成?"

于是,幽王随即传令大举烽烟,他和褒姒则登上城楼专等诸侯军队。镐京附近的诸侯看到烽火,以为是镐京遭遇外侵,连夜率兵前来救援。可当他们来到骊山脚下时,一个敌兵都没有看到,只听到骊山上鼓乐喧天,幽王和褒姒站在城楼之上。

幽王派人对诸侯们说:"辛苦爱卿们远道而来,镐京并无敌情,爱卿们请回吧。"诸侯们听后,无不愤怒,但

幽王烽火戏诸侯
出自《帝鉴图说》。描绘周幽王为博妃子褒姒一笑,令烽火台点燃报警用的烽火,戏弄闻讯救援的众诸侯,最终丧国的故事。

这是周天子开的玩笑,他们也不好说什么,只好带着兵回去了。

褒姒见四方诸侯率军毕集,幽王一句话又让他们垂头丧气地纷纷打道回府,禁不住冷笑了一声。尽管只是冷笑,但足以令周幽王开心不已,他重赏虢石父千金,从此更爱褒姒了,却没深思戏弄诸侯的后果。

当时的诸侯、贵族及国人对周幽王宠爱褒姒皆有怨怼。《诗经》中曾有"妇有长舌,维厉之阶,乱匪降自天,生自妇人"的诗句,反映的就是当时国人对褒姒的不满。

西周·宝车铃

古时马车上的装饰配件,主要流行于西周和东周。上部分镂空,内装小石子,随车动而击铜球发出清脆的铃声;下部分为方形銎座,用来固定在车辕或车衡上。此物数量的多少,也显示了车主人身份的高低。

除了专宠褒姒引来众人的不满之外，周幽王还随意征发赋税，夺取人民财产及土地，导致百姓怨声载道。周幽王的昏庸无道使统治阶级内部感到形势严峻，纷纷另谋出路，使得朝内更加空虚，鲜有治国良臣。

西周·玉鹿形佩
黄褐色，扁体片状，呈站立回望状，长角粗壮，有系孔。因"鹿"与"禄"谐音，且鹿性情温顺，自古以来就受到人们的喜爱。这种片状玉鹿始见于商代，盛于西周。现藏于美国弗利尔美术馆。

废长立幼

周代有着严格的宗法制度。宗法制规定，只有嫡长子拥有王位继承权，庶子即使年长于嫡子也不得继承王位。

幽王的嫡长子名叫宜臼，他的母亲是王后申后，因此宜臼一出生，便成为毫无争议的王储。可是自从褒姒的儿子伯服出生后，爱屋及乌，幽王更加喜爱伯服，一心想让伯服继承王位。但是伯服既非长子，又是庶出，于宗法不合，幽王的偏心很难如愿。

善于逢迎的上卿虢石父自从成功使褒姒一展笑颜后，得到了幽王更大的宠信。他看出了幽王的心思，于是又给幽王出主意，让他废掉申后，改立褒姒为后，这样伯服便会以嫡子的身份名正言顺地继承王位了。

幽王又听信了虢石父，果然废掉了申后和太子，改立褒姒为后，伯服为太子。废太子宜臼担心自己被杀，无奈出奔到申国，去投靠自己的外公申侯寻求保护。

犬戎之乱

周幽王宠信虢石父后，更加不理朝政，每日和褒姒吃喝玩乐。申后是申侯的女儿，他听说幽王废了申后而立褒姒，便心生不满，被人告知周幽王，幽王得知后大怒，命虢石父率兵征讨申国。

申侯听说幽王发兵，担心自己国小兵弱难以应付，就联合西戎攻打

骊山烽火台遗址

镐京。申侯准备了一车金帛送给西戎，并承诺攻下镐京后国库中的金帛可随西戎拿取。于是，西戎发兵，和申国的兵马一起包围了镐京。

前771年，沉迷玩乐中的周幽王得知大军兵临城下，慌忙中想起先王的烽火台，立即下令点燃烽火，向四方诸侯求救。然而，诸侯们之前被幽王用烽火戏弄了一番，这次幽王再点燃烽火，四方勤王之师竟无一兵一卒前来。

绝望的周幽王见诸侯救兵不至，只得带着褒姒和伯服弃城而逃。他们刚刚逃到骊山脚下便被犬戎追兵赶上，幽王、伯服被杀，褒姒成了犬戎的俘虏。从周幽王逃跑至被杀，没有一个诸侯前来营救。

周幽王被杀后，晋、郑、卫、秦等诸侯联军又将犬戎打败，拥立宜臼为平王，立国近300年的西周宣告灭亡。

周幽王像

在位期间，周幽王沉湎酒色，不理国事，各种社会矛盾急剧尖锐化，政局不稳，为政贪婪腐败，重用奸臣虢石父主持朝政，加重对百姓的剥削，激起百姓怨愤，最终使西周灭亡。

井田制

中国奴隶社会的基本经济制度就是井田制，井田制出现于商朝，到西周时发展到成熟阶段。西周时期，政府因为道路纵横交错，将土地分隔成块状，分给庶民去耕种，因为形状像"井"字，故称为"井田"。庶民只有耕种权，没有所有权，全国土地实际都属周王所有，所以所有井田不得买卖和转让，而且每年要交一定的贡赋。井田的"井"字中间的那块地称为公田，庶民可通过在公田上劳动来作为贡赋或课税交给奴隶主。井田制发展到后期，奴隶主强迫百姓耕种公田，实际是榨取他们的剩余劳动，这也是土地私有的一种实质性变化。而到了西周末期，国人同庶民无异，所以也成为被剥夺和压迫的对象。

西周·玉龟形佩

玉质泛黄，龟体片雕，头部外凸，呈三角形，背部隆起，呈椭圆形，上刻繁复的兽面纹，四足及尾部略外凸。背部中心穿一圆孔，系用。古代，龟被看作祥瑞之物，跟龙、凤、麟三者并称"四灵"或"四神"，《礼记·礼运》中说："麟体信厚，凤知治礼，龟兆吉凶，龙能变化。"所谓"兆吉凶"，是说龟不但长寿，而且能通灵，知吉凶，从而受到人们的膜拜。

少年中国史

灿烂的青铜文化

早在文王时期，周就有了青铜器。周朝建立之后，青铜冶炼技术进一步发展，所制造的青铜器主要包括礼器、乐器、兵器、工具和日常杂器等。西周早期的青铜器依旧沿袭商晚期青铜器特点，制作精巧、花纹富丽堂皇、器制凝重结实。不过这时候的青铜礼器种类增多，并且依照周礼，其使用都有严格的组合制度，如钟、鼎、鬲、壶、豆、盘等都要按照规定的数目和规格使用。

刻有铭文是西周青铜器的重要特征，虽然商代青铜器上也刻有铭文，但最多也就几十个字，而西周青铜器上的铭文最多可达几百字。且在周穆王之后，青铜器上的铭文渐成一定格式，册命记录增多。这些铭文记录了西周时期的册命、封赏、官制、战争、祭祀、奴隶买卖以及法律诉讼等，是研究西周历史的重要资料。

▶ 利簋及铭文拓片

通高28厘米，口径22厘米，重7.95千克。1963年于陕西宝鸡出土，现收藏于宝鸡青铜器博物院。又名"武王征商簋""周代天灭簋"或"檀公簋"，是利参加武王伐纣战争胜利所造，胜利后受到武王奖赏，他就铸造这件铜器以记功并用来祭奠祖先。器侈口、兽首、垂耳、垂腹、圈足下连铸方座。器身和方座均饰饕餮纹，方座平面四角饰蝉纹。器内底铸铭文4行33字，这是国内迄今为止能确知的最早的西周青铜器。利簋上圆下方的造型，是中国古人天圆地方观念的体现。

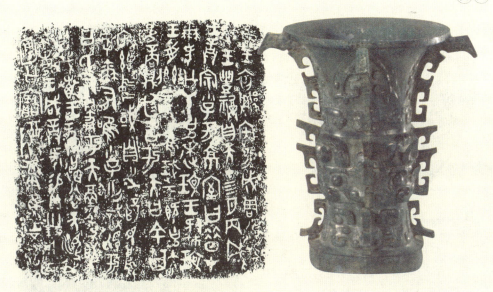

▶ 何尊及其铭文拓片

  1963年于陕西宝鸡出土，现收藏于宝鸡青铜器博物院。它是西周早期一个叫何的宗室贵族于周成王五年（前1038年）所制作的祭器，故称何尊。尊高38.8厘米，口径28.8厘米，重14.6千克。口圆体方，长颈，颈部有蚕纹图案，腹微鼓，高圈足，体侧有四道镂空的扉棱。整个尊体以雷纹为主，高浮雕和圈足处有饕餮纹，造型浑厚，工艺精美。尊内底部有铭文共122字，记载了成王继承武王遗志，营建东都之事。其中有铭文"中国"二字，这是已知关于"中国"一词最早的文字记载。

▶ 青铜虎形尊

  高75.1厘米，长25.1厘米，现藏于美国弗利尔美术馆。这一对虎形尊形象凶猛逼真，獠牙外露，尖齿紧合；双目圆瞪，充满了威胁；双耳直立，警觉异常；四肢强壮，身躯矫健，尾巴卷曲。通体装饰了云雷纹和仿虎皮纹，繁复却富有层次，是西周一对不可多得的牺尊。牺尊就是"刻为牺牛之形，用以为尊"的盛酒器。

▲ 毛公鼎

1843年于陕西宝鸡岐山出土,现收藏于中国台北"故宫博物院"。它为西周晚期毛公所铸的青铜器。鼎高53.8厘米,口径47.9厘米,重34.5千克。大口圆腹,二立耳,三蹄足,口沿处有环带状纹,整个鼎器造型端庄而凝重,饰纹简洁有力、朴素古雅,带有生活气息,代表着西周晚期青铜器的特点。鼎上刻铭文近500字,是西周晚期一篇完整的册命书。文中提到周宣王在位初期,想要振兴朝政,遂命叔父毛公晉(有一说是毛公歆)处理国家大小事务,又命毛公一族担任禁卫军,保卫王家,并赐酒食、舆服、兵器。毛公感念周王,于是铸鼎纪事,由子孙永葆永享。

◀ 兽面勾连纹鼎

通高85厘米,口径66.7厘米,1973年陕西长安新旺村出土,现藏于西安博物院。双直耳,方唇,深腹,下承三柱足,腹部上饰饕餮纹,下腹勾连云雷纹,在耳与足上也饰有夔龙与兽面纹,造型凝重浑厚,形体宏伟,饰纹精美,是罕见的西周重器。西周王朝是奴隶社会的鼎盛时期,建立了比商代更加完备的政治制度和森严的宗法制度,完善了礼乐制度,为进一步维护奴隶社会尊卑贵贱的统治秩序,制作大量的青铜器,为礼乐制度服务。勾连云纹大鼎出土于西周京都之地,为后人了解当时社会提供了宝贵的实物资料。

西周

▶折觥

1976年于陕西宝鸡扶风出土,现收藏于宝鸡青铜器博物院。这是一件酒器,通高28.7厘米,腹深12.5厘米,重9.1千克。长方形觥体,前有流,后有鋬,盖前端制成兽形,兽两齿外露,长有两只大曲角,盖颈部饰有饕餮纹面,两端两只立体兽耳。整体器物造型与纹饰都极其精美,工艺精湛,为青铜器中的精品。盖内刻有铭文40字,大意是:周昭王十九年五月戊子这天,王在厈这个地方(沣京一带)命令作册(周时史官名)折,代表天子去给相侯赠望土,并赏赐了折许多青铜器和奴隶,折因受恩宠,特为父亲乙铸造此器,以示纪念。

▶ 或簋及铭文拓片

通高21厘米,口径22厘米,腹深12.5厘米,1975年陕西扶风庄白家村出土,今藏于扶风县博物馆。侈口,垂腹,双耳为鸟形,昂首竖冠,带盖,短圈足,盖顶有圈足形捉手。盖及腹身以雷纹为地,通体饰垂冠大鸟纹。圈足饰三道弦纹。盖内及腹内壁各铸铭文11行,共134字,铭文记述了抗击淮戎的槭林之役。

约300万年前—前771年

- **约前1300年** / 商王盘庚为避祸乱和水患，巩固统治，迁都于殷
- **前11世纪** / 武王伐纣，商朝灭亡，周朝建立
- **前1042—前995年** / 周王朝出现"成康之治"
- **约前985年—前977年** / 周昭王三次伐楚，最后身死楚地，西周衰落
- **前841年** / 国人暴动，周厉王出逃，出现共和执政，中国确切纪年开始
- **前771年** / 申侯与犬戎族联合攻周，杀死周幽王，西周灭亡

- **前1567年** / 古埃及进入新王国时期
- **前14世纪初** / 古代西亚赫梯帝国建立
- **前14世纪中叶** / 古代西亚古亚述帝国建立
- **前11世纪** / 古希腊进入荷马时代
- **约前1000年** / 古印度雅利安人建立国家，婆罗门教开始流传
- **前约10世纪** / 古代西亚进入新亚述帝国时期，铁器出现并广泛应用
- **前9世纪末** / 古希腊斯巴达国家形成
- **前8世纪** / 古罗马进入王政时代

中外大事年表对比

- **约前2698年** / 黄帝战胜蚩尤，建立黄帝王朝
- **前26世纪** / 史官仓颉、沮诵造文字
- **约前23世纪** / 尧为部落联盟首领，命羲和观天象制定历法
- **前21世纪** / 大禹治水成功，后夏朝建立
- **约前1600年** / 商汤伐夏桀，夏朝灭亡，商朝建立

- **前3100年** / 古代埃及初步形成统一国家。埃及早王朝时期开始
- **前3000年** / 古代两河流域苏美尔地区出现奴隶制城邦国家
- **前2300年** / 古印度出现城市文化，国家形成
- **前2181年** / 埃及王朝实现统一，确立君主专制
- **约前2040年** / 古埃及进入中王国时期，青铜器广泛使用
- **约前2017年** / 古代两河流域古巴比伦王国建立

少年中国史
Chinese History for Teenagers

创作团队

【项目策划】 尚青云简

【文稿提供】 杨玉萍

【图片支持】 Fotoe.com Wikipedia
郝勤建 秋若云 堂潜龙